九年一贯制学校融合教育的
探索与实践

何英茹　主编

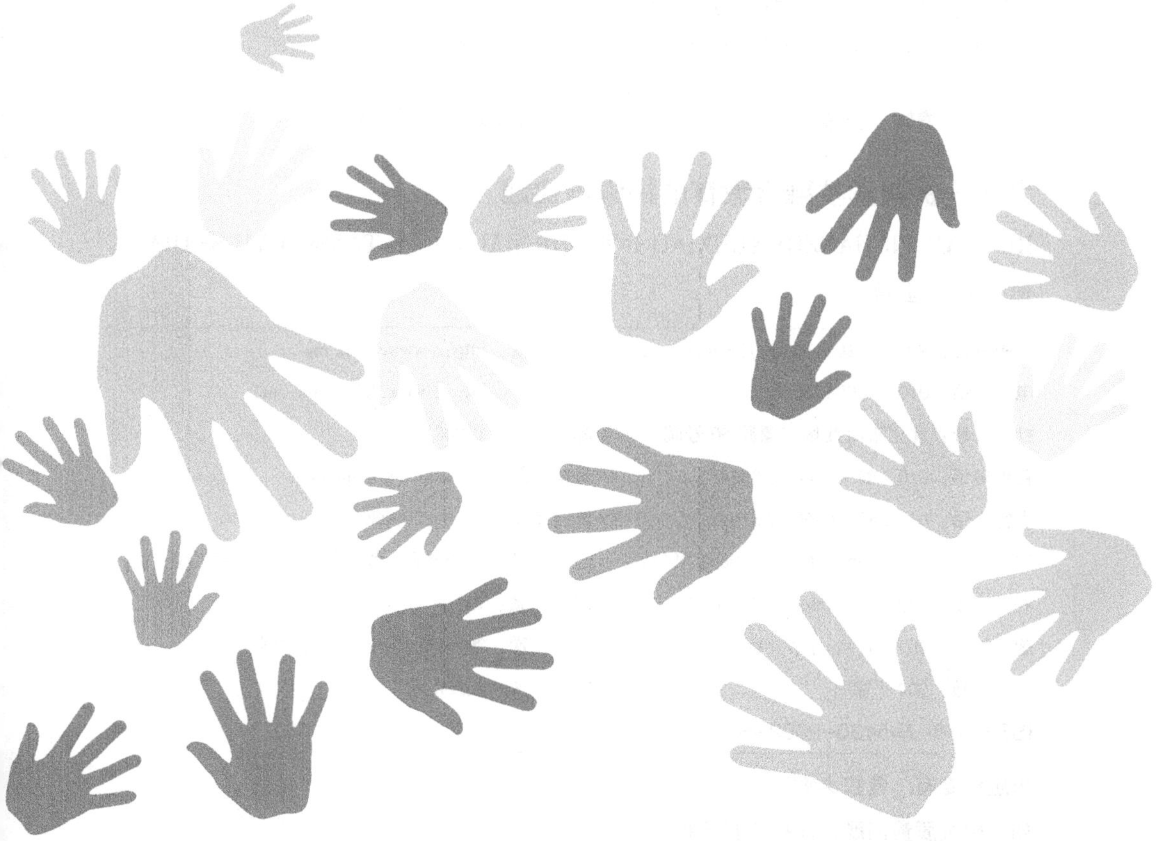

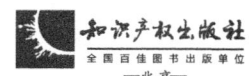

图书在版编目（CIP）数据

九年一贯制学校融合教育的探索与实践／何英茹主编．—北京：知识产权出版社，2023.12

ISBN 978-7-5130-9002-5

Ⅰ．①九… Ⅱ．①何… Ⅲ．①九年一贯制-学校教育-特殊教育-教育研究-中国 Ⅳ．①G769.2

中国国家版本馆CIP数据核字（2023）第228547号

内容提要

北京教育科学研究院附属石景山实验学校是一所九年一贯制学校，学校秉承为青少年可持续成长奠基的办学理念，关注每一名学生，具有多年的融合教育教学及管理经验。本书由该校承担融合教育工作的一线教师编写，主要内容包括融合教育的相关理论和融合教育资源中心教师进行融合教育的探索、实践与总结。本书关于融合教育的相关理论与经验，可借鉴性强，案例生动、鲜活。

本书适合从事融合教育的工作者和相关研究者阅读。

责任编辑：安耀东　　　　　　　　　　责任印制：孙婷婷

九年一贯制学校融合教育的探索与实践
JIU NIAN YIGUANZHI XUEXIAO RONGHE JIAOYU DE TANSUO YU SHIJIAN

何英茹　主编

出版发行	知识产权出版社有限责任公司	网　址	http://www.ipph.cn
电　话	010-82004826		http://www.laichushu.com
社　址	北京市海淀区气象路50号院	邮　编	100081
责编电话	010-82000860 转 8534	责编邮箱	anyaodong@cnipr.com
发行电话	010-82000860 转 8101	发行传真	010-82000893
印　刷	北京中献拓方科技发展有限公司	经　销	新华书店、各大网上书店及相关专业书店
开　本	720mm×1000mm 1/16	印　张	13
版　次	2023年12月第1版	印　次	2023年12月第1次印刷
字　数	207千字	定　价	88.00元

ISBN 978-7-5130-9002-5

出版权专有　侵权必究

如有印装质量问题，本社负责调换。

序　言

特殊教育是整个教育体系的一个重要组成部分。发展特殊教育，是衡量一个国家普及教育是否充分，社会是否文明、发达的重要标志，更是体现教育公平的重要标志之一。近年来，教育行政部门不断推进融合教育的开展，推进各学区融合教育资源中心建设，力求更好地使资源中心为学区内有特殊需求的儿童服务。

北京教育科学研究院附属石景山实验学校（以下简称"石景山实验学校"），由北京市石景山区八角中学和古城中心小学合并而成，是一所九年一贯制学校。石景山实验学校自2015年正式挂牌成立以来，在教育教学理念、技术、体制等建设层面不断地完善、创新和发展。学校秉承"为青少年可持续成长奠基"的办学理念，关心、关注每一名学生。石景山实验学校于2018年成立石景山中部学区融合教育资源中心。本书是石景山实验学校教师近年来进行融合教育实践研究的阶段性成果。

石景山实验学校作为目前北京市石景山区唯一一所融合教育资源中心，成立4年多来，先后辐射了学区内9所学校30余名融合教育学生，涉及智力障碍、视力障碍、孤独症、肢体残疾等多种障碍类型。融合教育资源中心的有效运行，促使融合教育学生能在校园内接受更加公平、公正的教育，在一定程度上提高了融合教育学生的学业水平。

本书的基本内容包括：融合教育的相关理论；融合教育资源中心有效运行的研究报告；融合教育资源中心教师（以下简称"资源教师"）进行融合教育的相关成果，以及学校老师们进行融合教育的论文、案例和教学设计。

一线教师的论文、案例是本书的重点内容。在学区融合教育资源中心不

断的教研、培训过程中，相关教育理念深入教师内心，激发了教师们极大的热情，教师之间不断进行研讨交流，撰写了大量的论文。我们对其中的100多篇进行了评选，将一部分编入本书。

本书的编写得到了北京教育学院石景山分院领导的大力支持。在火热的夏季，北京教育学院石景山学院教师培训中心的李爱霞主任欣然接受了我们的邀请，抽出宝贵的时间为教师们的文章进行指导，在此表示由衷的感谢和诚挚的敬意。为行文方便，书中学生姓名均为化名。

因编者自身水平的局限，本书疏漏与不当之处，恳请同行和读者不吝指正。

何英茹

2023 年 5 月

目 录

第一篇 融合教育的理论基础

融合教育的内涵 ………………………………………………………… 3
融合教育的发展历程 …………………………………………………… 5
融合教育的作用 ………………………………………………………… 9
融合教育课程与教学 …………………………………………………… 12

第二篇 学区融合教育资源中心建设的探索

学区融合教育资源中心有效运行的实践研究 ………………………… 19

第三篇 资源教师开展融合教育的探索

构建资源教室有效运作工作体系　促进随班就读学生健康发展 …… 35
实施积极关注，促进随班就读学生参与课堂学习的策略研究 ……… 42

第四篇 学科教学中融合教育的探索

促进小学随读生能力提升的英语阅读教学策略的研究 ……………… 49
"三位一体"共发展
　　——轻度智力障碍随班就读学生英语学习能力提升的实践研究 …… 55
培养随班就读学生英语创造性思维有效策略的研究 ………………… 63
适异而教：随班就读特殊儿童的语文融合教育策略 ………………… 70

小学语文课堂教学中促进随读生发展的策略探析 …………………… 76

小学体育教学中随班就读学生培养策略的研究 …………………… 81

融入、容纳、融合

　　——构建适合特殊学生的历史学科合作课堂 …………………… 86

让随读学生在数学学科学习中快乐成长 …………………………… 90

针对随班就读生的体育课堂教学策略 ……………………………… 94

第五篇　班级管理中融合教育的探索

对于肢体残疾学生的融合教育策略研究 …………………………… 101

在班级管理中用心对待"特殊"的孩子 …………………………… 106

融合教育下小学中年级班级管理新策略 …………………………… 110

用爱点亮夜空中特殊的"星"

　　——融合教育教学工作案例分析 ……………………………… 114

在突发事件中引导"调皮"孩子健康成长的案例分析 …………… 119

读懂你的"语言"

　　——前庭觉障碍儿童融合教育的案例 ………………………… 123

第六篇　融合教育中的个别化教育案例

小学视障儿童自我效能感培养的案例研究 ………………………… 133

促进视力障碍孩子音乐学习的案例研究 …………………………… 138

走进随读生的内心

　　——小学视障儿童教育的案例分析 …………………………… 142

白璧微瑕，光芒夺目

　　——多动症儿童的教育案例 …………………………………… 148

用爱心为孩子带来一缕希望的阳光

　　——随读生融合教育案例分析 ………………………………… 152

特别的爱给特别的她
——听力障碍学生的融合教育案例分析 ················ 157

第七篇　融合教育中的课堂教学设计

小学数学融合课堂教学设计 ································ 165
小学英语融合课堂教学设计 ································ 174
中学道德与法治融合课堂教学设计 ······················ 183
中学历史融合课堂教学设计 ································ 190

第 一 篇

融合教育的理论基础

融合教育的内涵*

融合教育是指让所有儿童就读于适合其年龄层次及学习特点的普通班级或学校，并通过多方协同合作，为他们提供高质量的、有效的教育，让所有儿童都获得充分发展。❶ 融合教育理念一经提出便迅速席卷全球，成为各国教育改革关注的焦点。它是世界各国特殊教育发展的基本方向，并逐步拓展至教育体系整体变革的范畴。

理解融合教育的核心内涵，首先要明确三点：融合教育的主体是谁？融合教育的实施者是谁？怎样实施？

特殊教育对象中包含残疾儿童、特殊儿童及特殊需要儿童。他们在身心发展、学习和生活中与普通儿童有明显差异。特殊需要儿童范围广泛，既包括残疾儿童，又包括在某一方面或某一时期下的成长、学习中需要各种特殊服务的非残疾儿童。当下，融合教育的对象正从"残疾""特殊"的局限主体逐步走向"特殊需要"的广泛领域。❷ "融合"也正意味着让有特殊需要的儿童进入普通班级接受教育，最大限度发挥其潜能，并与普通儿童一同成长。❸

普通学校是融合教育实践的重点场所，但融合理念不局限于校园，还需要家庭、社会多领域的共同参与，深入每个特殊需要儿童的身心发展和成长

---

* 作者：孙丽维、张丽楠，北京市石景山区培智中心学校教师。

❶ 邓猛. 融合教育理论指南 [M]. 北京：北京大学出版社，2017：2.

❷ 徐子淇，贾兆娜. 融合教育的本土化研究 [J]. 昭通学院学报，2020，42（1）：78-83.

❸ 方俊明. 融合教育与教师教育 [J]. 华东师范大学学报（教育科学版），2006（3）：37-49.

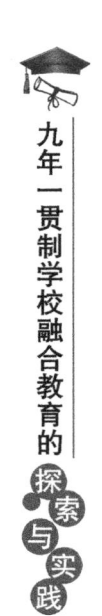

中。美国《全体残障儿童教育法》提出,要为每位接受特殊教育的残疾儿童制订个别化教育计划。这是融合背景下针对每一个儿童的差异化特质和个性化需求设计的教育计划,是融合教育实施的核心途径。❶

对于融合教育内涵的理解有不同的视角,从教育安置来看,经历排斥、隔离、整合和融合四种形式。特殊需要儿童和同龄的普通儿童在同一间教室里,所有需求都得到满足。从儿童的角度看,安置是第一步,然后是普通学校接受特殊需要儿童入学,可以跟普通儿童一样每天到校上课,一起参与学习与活动,得到适当的发展与进步。融合教育,使特殊需要儿童能就近、就便入学,利用无障碍设施设备、合理便利条件,在包容的态度下,保障平等受教育的权利。

---

❶ 于素红. 美国个别化教育计划的立法演进与发展 [J]. 中国特殊教育,2011(2):3-8.

融合教育的发展历程[*]

一、国际融合教育发展历程

融合教育中最早开始的残疾儿童教育服务模式是以隔离、自足式的特殊教育班的形式出现的。

直至20世纪60至70年代,欧洲国家开始兴起了与隔离式教育安置形式相对立的"一体化"运动与"回归主流"思潮,他们主张将特殊儿童放到普通学校中,与普通儿童一起接受教育,并采用特殊教育服务的需求,而非障碍的类别来重新定义特殊教育的对象。与此同时,美国特殊教育发起回归主流运动,主张根据儿童残疾程度的不同,采取各种类型的特殊教育安置形式,尽可能与普通儿童一起在普通学校或普通班级中学习。这也形成了融合理念的萌芽。

20世纪80年代,正常化、一体化的融合思想开始盛行于美国社会的各个领域。此时的残疾人群体开始走向大众的主流社会。

1994年,世界特殊教育大会签署的《萨拉曼卡宣言》强调,每一个儿童都有受教育的基本权利;教育体系的设计和教育方案的实施应充分考虑每个儿童的特点、兴趣、能力和学习需要的广泛差异;有特殊教育需要者必须有机会进入普通学校;各国政府应当重视特殊教育,制定法律、法规和规划,保证经费投入,建立示范性项目,确保师资培训;鼓励家长、社区和残疾人组织参与决策,扩大和加强国际合作,有效地支持和参与全纳教育并将特殊

---

[*] 作者:孙丽维,北京市石景山区培智中心学校教师。

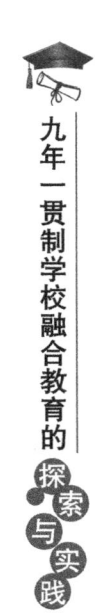

教育作为其各项教育项目中不可分割的部分而发展；各非政府组织要加强与国家机构的协作，增加对全纳性特殊需要教育的规划、实施及评估的参与。❶从此全纳教育理念出现在特殊教育学界。全纳教育强调关注每一个学生的发展，不要只关注一部分学生，而歧视或排斥另一部分学生。

2008年，联合国教科文组织以"融合教育：未来之路"为主题召开了第48届国际教育大会。此次大会标志着国际社会已达成共识：推动融合教育的发展。此次会议宣示，"融合"不仅成为特殊教育领域的前沿研究热点，还成为实现全民教育的有效路径。融合教育理念开始从特殊教育逐渐走向整个教育领域的前沿，并逐渐成为当代教育发展和改革的核心趋势。❷

二、我国融合教育发展历程

随班就读是我国实施融合教育的本土形式，是我国基础教育工作者特别是特殊教育工作者，参照国际上其他国家的融合教育做法，结合我国的特殊教育实际情况所进行的一种教育创新。它是一条符合我国国情的普及残疾儿童、少年义务教育的有效途径。它对发展我国特殊教育乃至推动整个基础教育工作具有十分重要的意义和作用。❸

1986年9月，国务院办公厅转发的国家教育委员会等部门文件《关于实施〈义务教育法〉若干问题的意见》中提出"应该把那些虽然有残疾但不妨碍正常学习的儿童吸收到普通中小学上学"。这是我国最早体现融合教育理念的政策文件。❹

1987年"金钥匙视障教育研究中心"在部分农村地区开展了让视障儿童

---

❶ 朴永馨. 特殊教育词典（第三版）[M]. 北京：华夏出版社，2015：142.

❷ 徐子淇，贾兆娜. 融合教育的本土化研究 [J]. 昭通学院学报，2020，42（1）：78-83.

❸ 教育部基础教育司，中国残疾人联合会教育就业部. 关于印发《全国随班就读工作经验交流会议纪要》通知.（2003-02-09）[2022-08-05]. http：//www.moe.gov.cn/srcsite/A06/s3331/200302/t20030209_82026.html.

❹ 国务院办公厅. 国务院办公厅转发国家教育委员会等部门《关于实施〈义务教育法〉若干问题的意见》的通知.（1986-09-11）[2022-08-05]. http：//www.lawxp.com/statute/s576253.html.

就近进入小学随班就读的教改试点工作。他们的主要做法有三个：一是进行宣传教育，为视障儿童创造良好的入学环境和社会环境；二是由视障儿童所在班级的班主任兼任辅导教师，对其进行专业知识培训，并承担视障儿童的主要教学工作；三是建立巡回辅导制度，由巡回教师负责业务指导、行政管理与外界协调等工作。❶

1987年12月，国家教委印发的《关于印发〈全日制弱智学校（班）教学计划〉（征求意见稿）的通知》首次出现了"随班就读"一词——"大多数弱智儿童已经进入当地小学随班就读"，并说"这种形式有利于弱智儿童与正常儿童的交往"❷。

经过十余年的实验研究，我国随班就读障碍类型扩大到盲、聋、智力落后三个类型。1994年，国家教委印发了《关于开展残疾儿童少年随班就读工作的实施办法》（以下简称《实施办法》）。至此，在融合教育下，随班就读开始在全国范围内实施并推广。《实施办法》的颁布，标志着以普特融合为特征的随班就读，成为我国融合教育发展的一大特色。

之后教育部等7部委联合下发的《特殊教育提升计划（2014—2016年）》指出，要大力开展随班就读，扩大残疾儿童少年义务教育规模；《第二期特殊教育提升计划（2017—2020年）》指出，以普通学校随班就读为主体，以特殊教育学校为骨干，以送教上门和远程教育为补充，全面推进融合教育，提出优先采用普通学校随班就读的方式，就近安排适龄残疾儿童少年接受义务教育，支持幼儿园接收残疾儿童，普通高中和中等职业学校扩大招收残疾学生的规模等。这些规定成了特殊教育发展改革的基本原则。

教育部2018年公布的数据显示，以融合的形式（包括随班就读、普通学校中的特教班）接受义务教育的残疾学生共304 273人，占所有在校残疾学

---

❶ 肖非. 中国的随班就读：历史·现状·展望［J］. 中国特殊教育，2005（3）：3-7.

❷ 国家教委. 国家教育委员会《关于印发〈全日制弱智学校（班）教学计划〉（征求意见稿）的通知》［87］教初字015号.（1987-12-30）[2022-08-05]. https：//law.lawtime.cn/d534697539791.html.

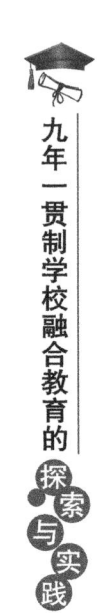

生人数的 52.57%，融合教育已成为我国特殊儿童教育安置的主要形式。❶ 融合教育在我国发展推进 40 余年，逐步实现了特殊儿童教育零拒绝、全覆盖的目标，正在从"求数量"到"问质量"阶段过渡。

以北京市为例，2018 年残疾儿童义务教育入学率达 99%，融合教育比例达到 70%。北京市着力构建包括市、区两级特殊教育中心，学区（区域）融合教育资源中心，市级示范性孤独症儿童教育康复及训练基地，融合教育学校资源教室等多层级的特殊教育专业服务实体。截至 2018 年底，借助政策推进，各区均已建设特殊教育中心，和 10 个市级示范性孤独症儿童教育、康复及训练基地，43 个学区（区域）融合教育资源中心，350 余所普通学校建有资源教室。❷ 北京市从市级到校级层面初步搭建成融合教育专业支持体系。

三、我国融合教育未来发展方向

2021 年 12 月 31 日，国务院办公厅转发教育部等部门印发了《"十四五"特殊教育发展提升行动计划》。推进融合教育是其基本思路之一。高水平的融合是"十四五"特殊教育事业发展的重要标志。

中国国家教育学会副会长、国家督学李天顺在文章中指出，推进融合教育高水平发展的具体举措有以下两个方面：一是入学安排上，进一步优化普通教育优先。不仅要提供尽可能多的学位，还要营造尊重的良好氛围，提供有最大针对性、有效性的课程，使各类儿童共同成长进步。二是深度整合资源，科学整合特殊教育与普通教育，围绕课程标准、培养方案、转衔安置、资源共享等关键问题，打通教育类别、学科门类、不同行业之间的阻隔，在跨界研究、资源整合、多方位推进的大框架下，使融合教育更符合残疾学生和各种有特殊需要学生的特点和认知学习规律。❸

---

❶ 邓猛，赵泓. 新时期我国融合教育现状和发展趋势［J］. 残疾人研究，2019（1）：12-18.

❷ 王善峰，朱振云，孙颖. 增强特殊教育专业支持服务供给能力，提升北京市融合教育质量和水平［J］. 现代特殊教育，2019（11）：8-10.

❸ 李天顺. "十四五"特殊教育高质量发展的宏伟蓝图［J］. 现代特殊教育，2022（3）：8-11.

融合教育的作用[*]

融合教育为特殊需要儿童回归主流社会打下一定的基础。融合和混合不一样，有支持和辅助在其中，也是一种有效的教育形式，能帮助特殊需要儿童适应社会环境，逐步建立自信。融合教育讲究包容接纳、合作共享，不赞同歧视和排斥；不是只关注特殊需要学生，而是要关注全体学生，努力建立全纳教育体系、全纳性学校，满足学生多样化、个性化需求，使学生得到充分和全面的发展。

一、融合教育保障儿童平等受教育权利

教育应面向所有儿童，融合教育的开展最首要的任务是创造平等受教育机会。特殊需要儿童作为社会中的偏弱势一方，在教育机会上能够均等，是保证最基本的平等。特殊需要儿童和同龄普通儿童共同接受普通学校提供的义务教育，融合的校园文化、环境、课程与教学，为平等享受优质教育提供保障。

二、融合教育促进学生和学校发展

融合教育有利于特殊需要儿童的发展，这一点是显而易见的。融合教育能为他们提供与普通同龄儿童交往的机会，普通儿童能示范良好的社交技能

---

[*] 作者：张丽楠，北京市石景山区培智中心学校教师。

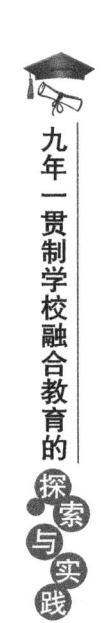

和行为规范,为他们未来离开校园、走入社会奠定基础;融合教育还能促进特殊需要儿童学业进步。有研究表明,与在特殊教育学校就读相比,融合的特殊需要儿童在阅读和数学方面有显著进步;融合教育还能促进特殊需要儿童就业和社会适应能力的发展,从而提高他们的生活质量。

融合教育有利于普通儿童的发展。普通儿童与特殊需要儿童相处中,同样增强了社交技能,在相互交往中,提高同理心,变得更加善良友爱,更真实地理解平等、尊重、接纳、包容的思想,等等。此外,有研究表明,融合教育对于普通学生的学习发展没有负面影响。

融合教育同样也有利于普通学校的发展。目前,主要是普通学校承担和实施融合教育的主要任务。在推进融合教育的过程中,学校方会在环境的创设、课程与教学、师资队伍建设、支持保障等方面不断寻求改进和完善,进而促成学校新的变革与更好的发展。

三、融合教育促使家庭教育做出改变

融合教育的开端是充满挑战的,这里面就有很多来自不同家庭的各种声音。近几年,在各种政策的支撑下,融合教育在顺利地实施和推广。这使普通儿童家庭的观念产生了转变,给特殊需要儿童家庭带来了新的机遇。普通儿童的家庭越来越意识到,和特殊需要儿童的接触,可以发展自己孩子"爱"的品质(这一点在成长中也是至关重要的),并对孩子们互相之间的交往放心。这使学校的融合教育顺利稳步地开展。

特殊需要儿童的家庭也能通过进入普通学校的路径,合理判断孩子的情况,做出多样的选择。他们对孩子进入小学充满了憧憬,而不再是以前的迷茫,尽管也会有一些担忧,但这总算是一个新的开始。融合教育给了特殊需要儿童家庭更多的支持。

两方面的家庭如果能携手引导孩子去接纳和融入彼此,就会达到双赢,所以说家庭教育也是融合教育中的重要一环。融合教育对于每个家庭都有挑战,也承载更多的希望。虽然彼此都要做出改变,但都是朝着更有意义的方向前进。

四、融合教育有利于社会的和谐发展

融合教育提倡的公平,是促进社会和谐的一大要素。

融合教育可促进普通教师、同龄儿童、家长对特殊需要儿童的了解。正是因为有了深入的了解,他们才会慢慢地修正原有对特殊需要儿童的负面认识和刻板印象,从而减少社会偏见,降低相互之间产生的焦虑情绪,促进彼此之间正向的交往。

融合教育提出将个别差异作为学习资源的补充,这里没有特殊,只是每个人都有差异。每个人都是特别的存在,每个人都是班级中的成员,个别差异是值得尊重和赏识的。可以通过调整教育环境、课程与教学,满足特殊需要儿童的差异化需求,从而促进社会的和谐发展。

融合教育希望通过教育领域内的公平来推进全社会的公平,希望通过教育领域内的融合来推进整个社会对弱势群体的接纳,促进特殊教育需要对象全面地融入社会,从而构建和谐的社会。这是融合教育与社会发展之间的逻辑关系,也是融合教育所要追求的愿景或终极目标。❶

---

❶ 李拉. 当代融合教育改革的目的——融合教育理论研究专题(一)[J]. 现代特殊教育,2021(15):7-10.

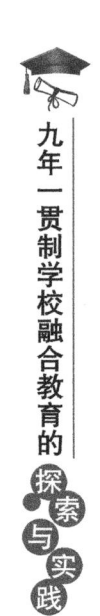

融合教育课程与教学[*]

一、融合教育课程概述

融合教育课程是一种普通学校为满足所有学生不同学习需求、学习风格以及文化背景等多方面的差异而设计的弹性的、相关的和可调整的综合课程体系。[1]

融合教育课程在我国被称为随班就读课程,包括普通教育课程和特殊教育课程两大类。课程结构是以普通教育课程为核心,按需设置特殊教育课程。为了促进融合教育,满足特殊需要儿童的个性化需求,学校在设置融合教育课程时,可以优先考虑普通教育课程,选择有可能完成的、和正常儿童一样的目标。当特殊需要儿童由于自身障碍的限制,不能完成以上目标时,可以对普通教育课程进行调整,设置特殊教育课程。

在设置融合教育课程时,要重视课程的基础性。普通教育课程中的基础知识和技能,像与生活密切相关的语文、数学等方面的基础知识,是特殊需要儿童所必需的。此外,在设置融合教育课程时,还要重视小学和初中阶段课程的衔接,保证课程的连贯性和课程内容的系统性,保证特殊需要儿童掌握适应社会生活所必备的知识与技能。

---

[*] 作者:张丽楠,北京市石景山区培智中心学校教师。

[1] 邓猛. 融合教育理论指南[M]. 北京:北京大学出版社,2017:150.

二、融合教育课程的调整

国内外许多学者认为，课程的融合是融合教育最高也最难的目标。[1] 为了使特殊需要儿童获得有效的普通教育，就要对现有普通教育课程进行调整。

在对普通教育课程调整时，要注意以下原则。首先，要了解学生的基本情况。有些特殊需要儿童因为感官、肢体等障碍无法学习的内容，可以删除或替换成可以学习的内容。对于难度较高不能完成的，可以适当降低目标。其次，对于学生的教育目标，课程的调整要根据各类特殊需要学生的身心特点，参照我国制定的九年义务教育阶段视力、听力和智力残疾的教育目标，并保证达到国家规定的相关教育目标。最后，普通教育课程是系统的、逻辑性强的，代表同龄学生的发展水平和学习特点，所以课程调整后，也要注意保留原有课程的基本结构，以保证科学系统地呈现核心知识。

普通教育课程调整的方式有很多。第一，关于目标难度的调整。当特殊需要儿童在某个领域或学科的学习有较明显的提高，表现出优势，能比较顺利地完成普通教育课程目标时，可以适当增加目标的难度；反之，可适当降低目标的难度，以便于学生经过教师的教学和自己的努力可以完成。第二，关于目标数量的调整。特殊需要儿童在某个领域或学科的学习，需要达成的目标范围大于普通教育课程目标时，可以适当增加目标的数量；反之，可以删减目标的数量。例如，脑瘫学生，因为肢体障碍严重，就要删除跑跳等高难度的目标，删除的目标一般对学生生活适应没有太大影响，或者不属于所学学科的核心知识。第三，关于目标完成方式的调整。当特殊需要儿童因为自身障碍的限制不能顺利完成学习任务时，可以在原有目标难度基本不降低的情况下改变目标的完成方式，来完成类似的功能。例如，有的特殊儿童书写功能受限，可尝试语音输入的方式。第四，关于目标层次的调整。大部分普通教育课程目标对于特殊需要儿童来说不能一下掌握，需要将大的目标分解成若干小目标，逐步完成。第五，关于目标完成时间的调整。当课程目标

---

[1] 邓猛. 关于全纳学校课程调整的思考 [J]. 中国特殊教育，2004（3）：3-8.

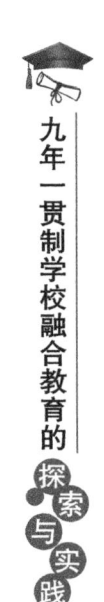

对于特殊儿童的学科学习和生活适应很重要时,不能和同龄儿童同一时间完成,就可以把时间适当延长。

此外,为了对特殊需要儿童的障碍进行缺陷补偿,帮助特殊需要儿童更好地学习普通教育课程,在特殊教育课程建设上,还设置了几种补偿性课程。

盲文课程能帮助视力障碍学生熟练摸读,迅速准确书写;定向行走课程,能帮助视力障碍学生理解环境的方位,安全独立移动,从而扩大活动范围,增强自信心;生活适应课程,能帮助特殊需要学生适应生活环境,认识常见的事物和基本常识与规则,掌握基本的生活自理技能等;感知觉与动作训练课程,可帮助学生运用各种感知刺激与康复器材完善知觉动作基础能力;沟通训练课程,可帮助学生借助适当的言语符号以及非言语符号等方法进行有效沟通;行为训练课程,可帮助学生改善问题行为,运用行为矫正技术,预防问题行为发生,从而养成良好学习习惯,维护课堂秩序;学校适应课程,能帮助有特殊需要的学生尽快地适应普通学校的学习和生活。总之,普通学校可以根据特殊需要学生的实际需求,开设相应的课程,帮助学生得到更适合的教育。

关于融合教育课程的理论和发展方面的研究,还有待深入。近年来,通用学习设计的理念引发全球关注与讨论,使我们对融合教育课程的认识逐渐从课程调整转向课程设计,这是解决融合教育发展背景下课程如何应对特殊教育需要问题的根本路径。❶

三、融合教育教学概述

融合教育教学,是指特殊需要学生与普通学生一起在普通班级的学科教师指导下,参与集体教学,掌握文化知识和技能,进而发展能力、增强体质、形成思想品德,获得适性发展的过程。❷

融合教育教学的对象是特殊需要的学生,他们要和同龄普通学生一起在课堂上学习,所以跟普通课堂教学有些许差别。以下是一些适合融合教育教

---

❶ 李拉. 融合教育课程:概念、性质及发展方向——融合教育理论研究专题(三)[J]. 现代特殊教育,2021(19):13-17.

❷ 李拉. 融合教育教学的几个基本问题探究[J]. 中国教育学刊,2022(1):54-58.

学方面的理论。差异化教学是为同一个班级中的不同学习水平、不同学习需求、不同学习方式、不同学习兴趣的学生提供的一种多元化学习指导方案的教学模式，是以尊重差异为理念，呈现的是多样化的课堂。个别化教学，是运用各种教学方法，促进不同需求学生个性发展的教学模式，由教师、家长和学生共同参与制定适合特殊儿童身心发展特点和发展需要的个性化教育方案。合作学习是以小组活动为基本教学方式，进行同伴辅助和协作，在融合教育教学中有重要作用。结构化教学是为学生营造具体清晰的学习环境，利用简单的程序表协助他们建立常规，减少对环境的混淆，减少行为问题的一种操作模式。❶

融合教育使普通课堂教学充满挑战，增加了复杂性。班级中不再是年龄、身心发展、智力水平相近的普通儿童，有了特殊需要学生的加入，课堂难度增加，因而需要专业的支持。教师可以在课前做好充足的准备工作，提前了解学生的学习需求，预设学生在课堂中出现的状况，准备应对方法，提前准备学生所需的学习辅具等。这些细节都会影响课堂教学效果。此外，还需要有专业的团队如资源教师、巡回指导教师提供专业支持，学科教师学习相关融合教育教学策略，来保证有效的课堂教学。

很多学者在融合教育教学原则上也进行了总结。发展性原则，要承认特殊需要学生在普通课堂中是有发展的，强调在融合教育教学中，以潜能开发为目标，缺陷补偿为基础，使每个特殊需要学生获得适性发展。❷ 个别化原则，是在融合教育教学中要注重个别化的支持原则，对特殊需要学生给予多样化的个别支持。适度性原则，是在课堂教学中对特殊需要学生有针对性地关注，不要过度关注等。

融合教育教学常用的策略也很多。演示教学法，是用多媒体、实物等直观教具和动作、多感官等方式，展示给学生教学内容，引导特殊需要学生获得丰富的感知，形成正确的表象，进行有效学习。四段教学法，是调动听觉、视觉和动作进行教学，以先讲清楚说明白为主，可控制语速、语调，再示范

---

❶ 赖欣怡. 个别化工作系统对小学普通班孤独症学生独立完成学习活动行为之研究[D]. 屏东：屏东教育大学，2014：3.

❷ 李拉. 融合教育教学的几个基本问题探究[J]. 中国教育学刊，2022（1）：54-58.

操作，学生通过模仿进行学习，然后是不同层次的协助，单一或多重协助，动作或语言协助等，最后是学生能通过前面的步骤自己完成学习任务。任务分析法，是把复杂的学习任务进行分解的一种方法，将知识和技能细分为容易操作的步骤，协助学生逐步完成学习任务。此外，还有项目学习、合作学习等。在运用这些策略时，还要注重良好环境的创设，不给特殊需要学生贴标签，给予他们适当的关注，为他们提供有效的支持策略。

四、融合教育教学的调整

通过融合教育教学使融合教育课程得以实施，教学解决怎么教的问题，当越来越多的普通学校接纳了特殊需要的学生，教育对象变得多元化时，教学也要进行调整。

首先，是教学环境的调整。良好的教学环境可以促进融合教育教学的顺利进行，这里就包括无障碍和安全环境的创设，座位的安排等方面。另外，结构化的环境能清楚地划定不同活动和学习分区，利于特殊需要学生养成良好的习惯，便于教师管理课堂。其次，是心理环境的调整。让特殊需要学生获得尊重和心理支持，其中包含接纳、归属感、合作三个原则。❶最后，是教学内容的调整，包括教学目标、教学材料、教学活动和教学策略的调整。教学目标主要是在知识与技能上存在差异，可以以多元智能理论为依据，发现学生的潜能，重视最近发展区，因材施教。教学材料的调整上主要是多样化。教学活动上更倾向于主题活动、游戏等能激发学生课堂参与度的内容，让他们获取丰富的学习经验，选择和日常生活接近的教学情境下的活动更佳。教学策略主要调整为以学生为中心，多种策略交替使用。教学评价的调整，是在作业、考试、课堂回答等方面，都可以根据特殊需要学习进行调整，如作业量、辅助支持、同伴互助和口头作答等。

融合教育课程与教学直接关系融合教育的质量，是融合教育中重要的部分，也是具有可操作实践研究的部分。

---

❶ 邓猛. 融合教育理论指南［M］. 北京：北京大学出版社，2017：174.

第 二 篇

学区融合教育资源中心建设的探索

学区融合教育资源中心有效运行的实践研究*

一、问题提出

特殊教育是整个教育体系的一个重要组成部分。发展特殊教育，是衡量一个国家普及教育是否充分，社会是否文明、发达的重要标志，更是体现教育公平的重要标志之一。近年来，教育行政部门不断推进融合教育的开展，推进各学区融合教育资源中心建设，力求更好地使资源中心为学区内有特殊需求的儿童服务。

我校（北京教育科学研究院附属石景山实验学校）于 2018 年初被确定为学区融合教育资源中心，是一所九年一贯制学校。学校有丰富的小学、初中两个学段的融合教育工作经验。石景山实验学校于 2018 年完成了资源中心的基础建设，搭建了组织管理框架，但由于成立时间较短，尚未形成规范的管理制度和管理体系；师资力量紧缺，参与融合教育工作的教师年龄偏大，精力有限；融合教师专业素养参差不齐，在工作开展的实践过程中仍存在未能满足学区内所有特殊学生教育需求的情况。因此，如何有效运行资源中心，使资源中心能够最大限度地发挥辐射作用，为学区内有特殊教育需求的学生提供最大化的教育康复保障，是亟待解决的问题。基于以上问题的思考，我校在市、区特殊教育指导中心的指导下，开展了实践研究，探索并总结了学区融合教育资源中心有效运行的方式方法，希望可以给其他学区融合教育资源中心的运行提供一定的启发和思考。

---

* 作者：何英茹、霍文慧、张东红，北京教育科学研究院附属石景山实验学校教师。

二、研究设计

（一）研究目标

在实践中探索出学区融合教育资源中心有效运行的策略，促进学区内特殊需要学生问题的改善。

（二）研究内容

1. 学区融合教育资源中心运行现状及存在问题的调查研究

初期，我们对学区内特殊需要学生家长、任课教师进行访谈，发放调查问卷，了解他们的真实想法和实际困难。了解学区融合教育资源中心的现状，发现存在的问题，分析问题形成的原因，以便有针对性地制定相应的策略，解决问题。

2. 学区融合教育资源中心有效运作的策略研究

深入学习相关理论知识，通过分析在知网、万方等数据库检索到的融合教育资源中心有效运作的优秀案例，为本次研究做好理论支撑。

针对我学区融合教育资源中心存在的典型问题，在实践的基础上，归纳出一系列有效运作、促进学区融合教育质量提升的策略，如运行机制、教学策略、人事管理策略等。

3. 融合教育资源中心促进学区融合教育质量提升的案例研究

我们通过观察学生的行为表现，了解学生在班级中的行为习惯、情绪交往和课堂学习中的变化；通过学生的作品、作业等内容进行文本分析，了解学生学习水平、学习能力等方面的变化；通过对相关教师、家长的访谈，调查融合教育资源中心对学区融合教育质量提升效果的情况。通过以上方式，积累一些融合教育资源中心促进学区内特殊需要学生问题改善的典型案例，进行反复分析，供教师学习借鉴。

4. 融合教育资源中心运行效果的调查研究

研究后期，在前期调查资源中心存在问题的基础上，通过行动研究进行整改。后期再设计访谈提纲和问卷，通过对家长和教师进行访谈调查、观察学生的变化等获得后期数据，与初期数据相比较，看是否有变化，了解融合教育资源中心是否对学区内特殊需要学生、家长、教师提供了帮助，是否改善了学区内融合教育的质量。

（三）研究方法

1. 文献研究法

对于国内有关学区融合教育资源中心发展与运作的相关文献进行阅读、整理、分析，为本研究奠定理论基础。

2. 访谈调查法

对融合教育资源中心存在的问题向学区内融合教师及家长进行访谈和问卷调查。

3. 案例分析法

对学区内融合教育学生的典型案例进行分析、整理。

基于以上研究方法，资源教师、学科教师、学生家长一起展开行动研究，进一步开发资源中心功能。在行动中，不断尝试、改进、总结与提升，逐渐将资源中心有效运作的方式和运行机制固定下来，最终实现学区内特殊需要学生问题改善的目标。

三、研究发现

（一）学区融合教育资源中心运行现状及存在问题的调查研究

1. 学区融合教育资源中心发挥作用的调查结果

通过问卷调查，我们发现，学区内的融合教育教师有的对资源中心的认识不清楚，对资源中心的评价不高（见表1），学区融合教育资源中心的建设之路处于初级阶段。

表 1　融合教育资源中心促进学区融合教育发展的评价　　　　单位：%

评价	作用明显	有一定的作用	目前作用不明显	不了解
占比	20.00	55.56	13.33	11.11

教师们对融合教育工作效果是否认可呢？调查结果显示，认为融合教育对特殊儿童发挥了有效作用的刚过半数（见表2）。

表 2　教师对融合教育效果的评价　　　　单位：%

评价	有效	无效	不确定
占比	55.56	6.67	37.77

访谈过程中，我们也发现，因为学生残疾类型和程度差异、家庭差异、教师差异等因素影响，有的学生不能获得系统的学习和康复计划，有的融合教育教师缺少一定的理论知识。

2. 学区内融合教育教师队伍情况

（1）融合教育资源中心教师的基本情况。

初期，学区融合教育资源中心没有专职在编资源教师，由外聘的2位康复师担任资源教师，和科研主任一起维护资源中心的正常运行。经了解，外聘资源教师本科毕业于特殊教育专业，由于未在公办学校工作过，只对特需学生的康复训练有丰富的经验，对于课程的设置、资源中心的运行等相关经验很少，需要相应的行政支持。

（2）融合教育教师的情况。

受调查的融合教育教师均没有特殊教育专业背景（见表3），大部分教师对特殊教育对象认识不足。融合教育教师更多的是开展学科性教学和普适性心理疏导，对于专业的评估、心理辅导、康复训练知之甚少。

表 3　教师初始专业背景分布表

专业背景	人数/人	占比/%
学科专业	41	91.11
特殊教育专业	0	0
其他专业	4	8.89

在受调查的45位融合教师中，教师希望得到的专业支持（多选）按需求程度排前三位的是提供融合教育教学资源、个别化教育制定与实施、教育教学方法（见表4）。可见，一线融合教育教师亟须专业的教育教学资源，一些教师对融合教育学生的障碍类型不是很清楚，希望能够通过更多的教学资源提升工作效率。

表4 教师希望获得的专业支持

专业支持	占比/%
提供融合教育教学资源	67.44
个别化教育制定与实施	46.51
教育教学方法	27.91
认识残疾类别及特点	25.58
康复知识与技术	13.95
筛查与评估技术	11.63
其他	9.30

（二）融合教育资源中心问题分析

从现状调查来看，融合教育资源中心在发展中面临一些问题和困难，功能发挥有限，究其原因，是没有抓住融合教育资源中心建设和运转的核心要素。经过阅读文献资料，我们发现影响融合教育资源中心建设和运转的核心要素至少包括三个方面：第一是资源，包括课程、教学、家庭、康复技术和社会支持等；第二是人才，包括师资配备情况和其专业知识、专业能力、专业精神等达成情况；第三是机制，包括确保资源中心功能发挥的运行机制和促进责任落实的保障机制。❶ 立足于以上三点核心要素，结合调查结果，我认为石景山中部学区融合教育资源中心主要存在以下三个问题。

1. 资源中心专业人员匮乏、教师素质有待提升

融合教育资源中心辐射学区内9所学校，有20余名融合教育学生，没有专职在编资源中心教师，由2名工作人员构成。除了对本校融合教育生进行

---

❶ 魏祥明. 成都市区县级特殊教育资源中心建设的问题及对策研究［D］. 成都：四川师范大学，2017：25-28.

个别教育辅导以外,融合教育资源中心还要定期进行学区内的巡回指导。其中一名工作人员每周还要承担 4 节心理课的授课工作。

2. 资源配置不到位

学区内的融合教育教师对教育教学资源的需求是最强烈的,学区内只有 2 所学校拥有资源教室,融合教育教师在课程、教学、康复技术等方面没有进行深入的研究,在教育特殊需要学生时由于缺乏专业资源感到力不从心。

3. 宣传不到位

由于没有专职资源教师,对于资源中心的宣传不到位,使很多教师、家长不了解资源中心是做什么的,不明确资源中心的工作职能,服务质量不能满足教师、家长、学生的需求。

(三) 融合教育资源中心有效运行的策略研究

从调查结果和原因分析来看,融合教育资源中心还存在一些问题。随着融合教育的发展,资源中心必将成为推动学区融合教育整体发展的重要力量,因此,结合调查问卷和访谈结果,我们制定了以下策略,经逐步实施,取得了较好的效果。

1. 建立完整的组织领导机构

一个学校融合教育工作的开展及成效,关键在于校长。只有校长对融合教育工作有了高度的认识和重视,融合教育的保障机制才能得到落实。我们成立了以校长为中心主任的资源中心,形成了从基教科、特教中心到校长到教学处、德育处等中层处室到资源中心的资源中心网络(见图1)。

2. 使各级各类人员明确融合教育资源中心的职能定位

结合文献资料和实践探索,我们将融合教育资源中心职能定位为:

①巡回指导区域内融合教育工作,必要时提供"送教入校"服务。

②开展融合教育教研科研。深入研究融合教育中的热点问题和突出问题,研发融合教育相关课程。

③开展融合教育专业培训及咨询服务。组织开展区域内融合教师、资源教师的专业培训,为区域内的教师、家长、学生开展咨询服务。

④负责链接教育康复资源及相关专业资讯。

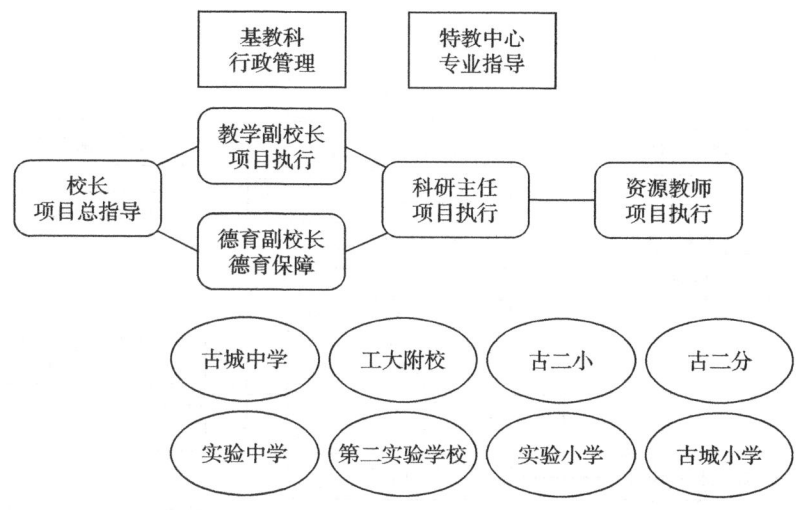

图1 学区融合教育资源中心组织领导机构网络

3. 制订符合实际情况的融合教育资源中心的运行机制

我们依据资源中心的实际情况，结合文献资料，制定了以特殊需要学生为中心的运行机制，主要包括建立电子档案、测量评估、制订教育计划、提供教育服务、定期阶段性多元评估等环节❶（见图2）。

4. 加强宣传

一是通过北京市教委、石景山区特教中心等主流阵地对学区融合教育资源中心加以宣传，尤其要宣传好资源中心牵头开展活动的情况和活动中好的经验、做法，加大推介力度。二是加强典型宣传示范引领，发挥典型的示范作用。发现、挖掘融合教育教师好的做法，通过案例分享、教研活动等方式挖掘一批融合教育工作有方法、有效果的教师，用实际案例影响学区内的教师。三是通过宣传媒介进行社会宣传。融合教育资源中心充分利用微信公众号广泛宣传教育实践活动，扩大影响力。

5. 建立融合教育资源中心人事管理制度

（1）明确人员配置。资源中心应配备至少2名专职资源教师，其应有特

---

❶ 俞林亚. 提升区域融合教育质量的实践研究. 中国特殊教育，2016（4）：11-17.

殊教育、康复、心理健康教育等相关专业背景。

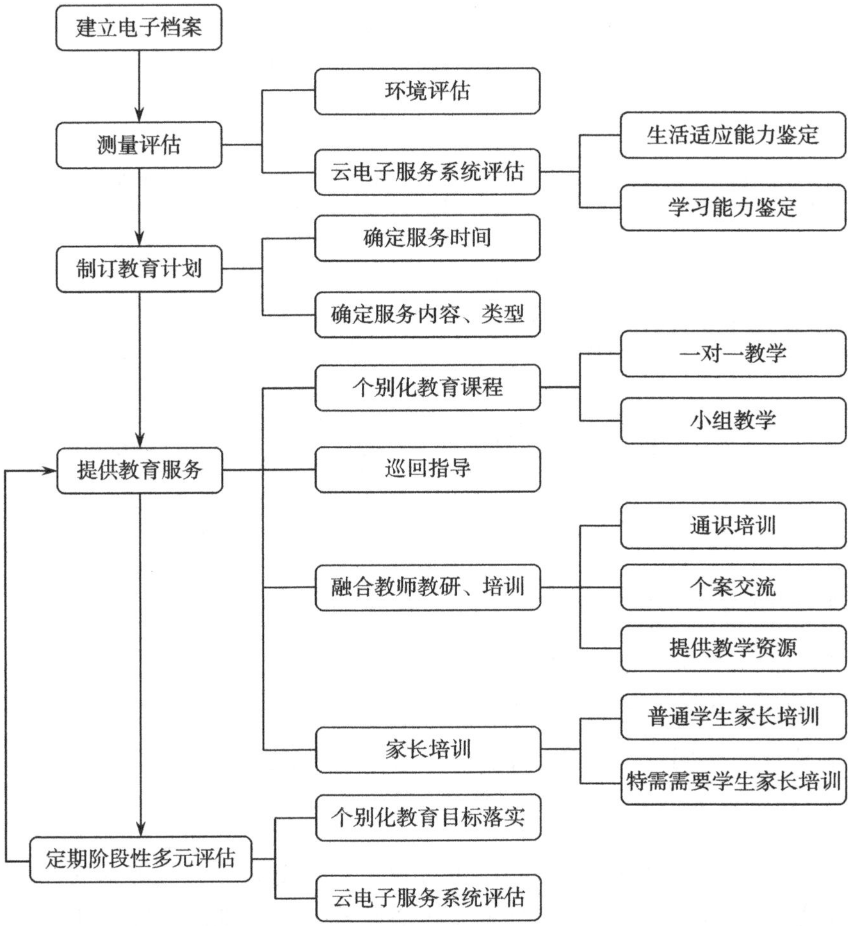

图2　学区融合教育资源中心运行机制

（2）明确管理干部职责。管理干部负责制定资源中心发展规划和学年、学期工作计划以及岗位目标责任；定期检查工作计划执行情况，提出改进工作的意见和措施。

（3）明确资源中心教师职责。资源中心教师要为学区内融合教育教师、学生及家长提供指导与服务，提供咨询服务和融合资讯，承担融合教育学生的数据统计与管理，开展巡回指导，开展融合教育教研科研工作。

6. 加强各级各类教研、培训，使各级各类人员得到专业提升

（1）中层及以上干部通识培训。

中层及以上行政干部对融合教育有了更准确的认知，就会更好地带领学校融合教育的发展。资源中心曾带领学区内各校校长赴上海华东师范大学进行为期一周的融合教育理念的封闭学习，取得了良好的效果。

（2）教师方面。

①通识培训。资源中心定期开展主题培训与教研工作，引导融合教师实施积极关注，对特殊需要学生实施激励评价策略。两年来，中心共进行融合教师培训40余次，涉及的主题有融合教育政策解读、孤独症、智力障碍、注意力缺陷、学生情绪行为的管理等多个方面。

②加强个案研讨。资源中心在教研过程中加强个案研讨并进行追踪管理。资源中心组织开展教研培训时会针对教师遇到的不同障碍类型学生开展教研交流，研讨教育方法，给予策略支持，并进行个案追踪。

③日常积极关注。在学区内，有若干没有经过医学检查的特殊需要学生，在班主任老师寻求帮助时，资源教师对特殊需要学生进行详细的跟踪观察，通过记录学生在校上课情况、课间交往情况，给予班主任、任课教师和家长深度指导。通过线上巡回工作结合现场走访，近两年来，中心共进行了70余次"走访"：既有常规工作的开展，也有个别问题的个别指导。

（3）家长方面。

两年来，资源中心共进行家长培训40余次，涉及的主题有融合教育政策解读、关注孩子心理需求、家长对学生行为的了解、认识孩子存在的情感和人格发育落后问题、家长对学生情绪行为的有效管理、家长居家培养学生提升感觉动作能力等。

随着特殊需要学生的不断增多，资源中心不再局限于为"有证"的学生家长服务。2021年9月开始，针对学区内9所学校有需求的家长开设了家长课堂，开展了针对普通家长的特殊需求方面的培训工作，获得了家长们的极大好评。

资源中心还开设"助梦腾飞，家长成长"驿站线上课程。课程内容包括：先备能力的训练方法、后效关联、问题行为策略、代币制度等。通过培训，家

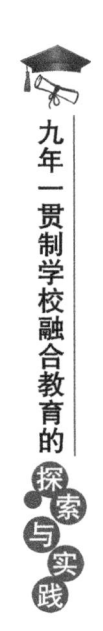

长进一步掌握了对融合教育学生的教育方法，对资源中心的认可也提升了。

7. 提供教育教学资源

（1）云电子服务系统。

调查显示，学区内资源教师、融合教师迫切需要教育教学资源来指导特殊需要学生。为此，资源中心购置了由华东师范大学研发的云电子服务系统，学区内的资源教师、融合教师可以利用该系统内的资源进行自主学习，掌握康复的基础知识、评估和实操技能。这为线下教学奠定了基础。

（2）中国知网学习平台。

融合教师需要进行一定的理论学习。通过中国知网进行融合教育方面的文献检索、学习，有效促进了教师的融合教育水平。因此，资源中心学区内的融合教师购买中国知网知识服务，以此促进融合教师的理论水平。

（3）教学资源。

为提升融合教育学生的言语认知能力、专注力、认知能力等，中心购置了认知系统、绘本等多种教学资源，开设思维训练、绘本阅读、语言训练等多门课程。

四、研究成效与反思

（一）研究成效

1. 建立了学区资源中心有效运作工作体系，学生问题获得改善

（1）形成了四个维度全面开展的工作体系。

四个维度指资源教师个别训练课程、资源中心巡回辅导、学科教师课堂教学、家校合作。

学区形成了以资源教师为指导的学区融合教育教研组，指导教师开展对融合教育学生的个别教育计划制订，培训教师开展融合教育的教学，指导教师进行家校合作。资源教师开展融合教育学生的个别教育指导、心理辅导和残疾学生的康复训练，做好家长和学生的定期访谈。学科教师和资源教师全面实施对融合学生的关注和教育工作。

由表5可以看出，教师对融合教育资源中心的积极评价有所上升，认为

资源中心的工作有效促进了学区内融合教育的发展。

表5 融合教育资源中心促进区域融合教育发展的评价　　　　　单位：%

评价	作用明显	有一定的作用	目前作用不明显	不了解
实验前（教师数45人）	20.00	55.56	13.33	11.11
实验后（教师数43人）	37.21	60.47	2.32	0

由表6和表7可以看出，通过不断改进，教师工作有方法指导，开展工作扎实有序。在资源教师和学科教师的共同努力下，教师对自己的融合教育表示肯定，学生学习做到了随班就读，而不是"随班就坐"。在原有的基础上，学习能力得到提升，各方面问题得到改善。

表6 教师对融合教育效果的评价　　　　　单位：%

评价	有效	无效	不确定
实验前（教师数45人）	55.56	6.67	37.78
实验后（教师数43人）	81.39	4.65	13.96

表7 个别化教育计划制订情况

制订情况	实验前人数/人	实验前占比/%	实验后人数/人	实验后占比/%
制订过	32	71.11	43	100
效果很好	11	24.44	26	60.47
不确定	21	46.67	17	39.53
无效	0	0	0	0
未制订过	13	28.89	0	0

（2）发现问题，跟踪评估。

在学区内，针对若干没有经过医学检查的特殊需要学生，在班主任老师寻求帮助时，资源教师对特殊需要学生进行详细的跟踪观察，通过记录学生在校上课情况、课间交往情况，给予班主任、任课教师和家长深度指导。其中，一名疑似孤独症的特殊需要学生的班主任，按照资源中心给予的策略、方法对学生进行干预，学生常规行为和学习能力都已达到正常水平。该班主

任反馈:"虽然与其交流还不那么顺畅,但该生其他一切常规和学习都处于正常水平,甚至经常主动举手发言了。"

2. 培训师资,加强教研,是融合教育资源中心有效运作的关键

研究表明,依托教研活动指导老师开展对融合教育学生的关注,可进一步促使教师主动构建良好的师生关系,教师更加有意识增加对融合教育学生的指导。

3. 家校合作促进了学区内融合教育学生问题改善

资源教师与融合教育学生家长建立了联系渠道,通过每两周一次的线上家长培训、访谈和及时沟通等形式,对融合教育学生的学习状况进行交流和研讨,促进融合教育学生问题改善。每次培训后,资源中心会针对培训内容进行问卷调查,对于家长反馈的内容,会仔细研读,适时调整培训安排,争取将更好的内容分享给家长。随着资源中心的不断调整,家长的培训满意度逐步攀升至90%以上。

(二) 研究反思

1. 学区融合教育资源中心对特殊需要学生的训练和指导内容还有待加强研究

资源中心的个案指导作为特殊需要学生改善问题的重要教育形式,应针对学生个性化的特点,提高方案和内容的科学性。例如,组建固定的资源中心专兼职资源教师研讨小组,定期聘请专家指导,增加同行之间的交流。

2. 进一步加强对特殊需要学生的甄别

虽然融合教育越来越受到重视,特殊需要学生在学校中越来越多,但在普通学校中,他们仍属于少数。对于一些"隐匿"的特殊需要学生,在他们身上发生的问题,究竟是属于德育范畴的行为习惯问题,还是其本身存在发育障碍,教师们仍感到难以分辨,从而向中心寻求帮助。资源中心在经过云电子服务系统测评与课堂教学观察后给出的建议,往往需要家长把学生带往医院进行障碍类型的确认。而在家校沟通过程中,有些家长不能正视学生的问题,造成学生不能得到适合的教育。

3. 待改进的问题

（1）学区融合教育资源中心对不同障碍类型学生的训练和指导还有待加强研究。资源中心十分重视对智力障碍、孤独症学生的指导，但对于视力障碍、肢体残疾等非智力障碍学生的康复训练还不够，应建立医教结合的支持方式，使各类型残疾学生获得更加科学有效的帮助。

（2）学区融合教育资源中心在管理上还需加强人才统筹。虽然我区一直重视融合教育工作，并给予融合教育教师相应的经济补助，但随着学校教学工作的不断调整，资源教师的工作压力大、内容多，人员结构不够稳定。未来，可以在新入职的教师指标上对资源教师进行一定的倾斜。

五、结束语

作为推进学区深化教育整体改革、扩大优质教育资源的供给、积极推进融合教育质量提升的重要途径，学区融合资源中心的建设将会对学区内有特殊教育需求的学生提供最大化的教育康复保障，最大限度地发挥辐射作用，弥补学区特教中心及资源教室学校的不足。融合教育资源中心的建设及完善不是一朝一夕的事情，如何结合学校实际，利用学校的优势，有步骤地建立和完善有学校特色的资源中心，发展并培养合格的资源教师，是值得进一步探讨的问题。但我们必将秉持科学严谨的态度，全纳包容，静待花开！

第三篇

资源教师开展融合教育的探索

构建资源教室有效运作工作体系
促进随班就读学生健康发展*

在融合教育的呼声越来越高的教育背景下,特殊儿童的教育逐渐成为教育和社会和谐发展的一个重要研究课题。新时期,社会发展对学校随班就读教育工作提出了更高的要求,建立一个有效的随班就读工作运作体系,发挥好学校教育对随读学生的教育影响作用,是做好这项工作的保证。在随班就读工作的探究和实践中,我校构建了初步的随班就读教育工作体系,保障了随班就读工作的有效开展,改善了随班就读学生的问题,促进了随班就读儿童的健康发展。

一、制订并落实好个别教育工作计划

(一)对随班就读学生的基本认识

随班就读学生包括智力障碍、听力障碍、肢体残疾、孤独症、精神类障碍等多种类型,每一种类型的学生问题表现不同。其身心发展在某一方面或者某些方面的发展水平,明显低于同年龄组学生的发展水平,或者在某一方面有特殊的偏好。因而,在面向全体学生的教育原则下,促进这部分学生的发展,需要教师做出适合学生发展水平和发展目标的个别教育计划。

---

* 作者:张东红,北京教育科学研究院附属石景山实验学校教师。

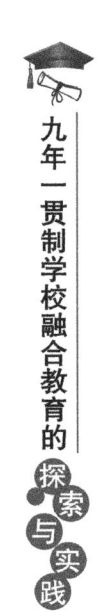

(二) 个别教育计划的主要内容

个别教育计划包括对学生障碍类型的了解，学生在学习中的优势分析，学生的家庭教育环境了解，评估与塑造班级氛围，评估学生的学业发展水平和特殊需求等。根据学生的需求，判断教学中是否需要板书放大字体，是否需要大字体的教材，是否需要在教学中提高音量，是否需要降低教学目标、降低知识难度，每节课是否需要生动具体的教学材料支持，是否需要到资源教室进行个别指导等。此外，有些学生有特殊的兴趣爱好，对某些活动有明显的偏好，在有些技能领域可能高于同年龄阶段儿童的能力发展水平等。这些都是教师在进行个别教育计划制订中需要分析的因素。通过一系列的分析，教师根据学生的能力水平，确定个体发展目标、各阶段的教育内容，以及适合个体的学业检测内容、检测方法。

(三) 制订个别教育计划的意义

制订个别教育计划，是做好随班就读工作的基础和保障。不了解学生的障碍类型，不深入了解学生的需求，就不能做好随班就读教育教学工作。在以往的教育教学工作中，教师可能由于不了解学生的特殊需要，甚至不知道班级里哪些学生是随班就读学生，对他们在课堂中表现出来的行为问题不能从其身心障碍和需求出发去分析和改进，而造成"随班就坐"的现象，甚至导致一个随班就读学生的问题对一个班级的教育教学秩序产生不良的影响。

(四) 个别教育计划的实施及效果

1. 座位安置

座位安置是对随班就读学生给予支持的一个基本体现。在座位安排上，我们把随班就读生安排在离讲台较近处，便于课上教师给予更多的关注。在班级和各学科的学习中，教师为随班就读学生配备有爱心的助学小伙伴，坐在随班就读学生的旁边；课堂上有问题，小伙伴能够及时给予帮助；课下，助学小伙伴可以陪着随读学生活动。

2. 课堂关注

在平时的课堂教学中，教师们特别关注随班就读生，尤其是智力落后的随班就读生。教师会设计一些简单的问题，布置一些基本的习题，必要时提供直观或者特殊的教学材料，让他们体验成功的快乐。"小 Z 上课什么都不会画""其实他对色彩的运用还是很不错的"，这是我校的一位美术老师在实施个别教育计划初期和深入实践后所说的两句话。这样两句很普通的话实际上体现了教师学生观的转变：教师在课堂教学中从关注全体到能够重视个体差异，发现随班就读学生发展的可能性，就会带来随班就读学生的转变和发展。学生就会在教师的帮助下取得越来越多的成果。

通过小 Z 同学不同时期的美术科的代表成果，我们可以看到由最初的学生自己涂鸦，到教师提供半成品素材进行个别化课堂学习指导，发展到学生能够独立完成具有一定主题的作品。在这个过程中，教师分析了学生绘图能力较低的特点，课前为学生准备了半成品素材，课上让学生涂色。这体现了教师对学生支持的作用。现在，该学生已经能够独立完成主题创作。在这个个别教育计划实施的过程中，教师没有放弃这个最初不能正常参与班级教学的学生，而是给予了积极的关注和支持，设置符合其能力特征的教学目标，为其提供合适的学习材料，促进其课堂参与能力。最后，该学生慢慢跟上了班级其他学生的发展水平，收获了学习的快乐。

3. 开展学科补救和资源教室课程

资源教室是学校对随班就读学生进行能力提高和补偿的固定教学场所。对于学习成绩落后的随班就读学生，学科老师根据随班就读学生的学习情况进行补救，利用固定的时间，教师带着随读学生到学校的资源教室开展一对一指导，或者为随读学生配备小伙伴进行小组指导。

在促进随班就读学生能力发展的教育工作中，资源教师作为学校特殊教育专业领域的带头人，要发挥好对学生潜能发展、问题改善的专业作用。对于需要进行感统训练的学生和康复训练的学生，资源教师要利用固定时间对学生进行训练。我校资源教师充分利用资源教室的大运动训练器材、精细化训练的玩具和心理咨询室的辅导材料，并开发校园里其他资源，开展对学生的大运动训练和小肌肉训练及心理辅导与学业指导。我校资源教师根据学生

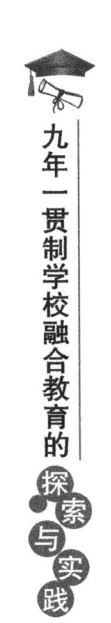

的发展潜能和问题,曾经针对爱好电脑操作的小F同学开展了以电脑操作为辅助形式的阅读和写作指导;针对小Z同学识字方面和思维方面存在的问题,开展了写画相结合的识字学习和简单的绘本创作课程。资源教师注重在训练过程中的趣味性,调动学生参与的积极性,针对小K同学自卑的心理问题开展了小伙伴互助形式的心理辅导课程,针对小L同学听力问题开展了加入以听力训练为目标的阅读课程。有些低年级学生的资源教室课程还利用家长助学的形式,保证学生顺利进入资源教室学习。这些为学生量身定做的课程,进一步发展学生的思维能力和良好的心理品质。

二、建立与随班就读家长的沟通制度,增进理解

1. 开好开学初的随班就读学生家长会

每学期开学初,学校会召开随班就读家长会。在家长会上,展示学生上学期的作业、作品,向家长汇报上学期对学生开展的个别辅导和感统训练工作,把孩子在校的随班就读学习情况和资源教室的学习情况向家长进行汇报。通过沟通,进一步增强了家长坚持做好家庭教育的信心,同时也缓解了家长紧张和因为孩子学业成绩不良而带来的消沉的情绪。

2. 班主任、资源教师对家长的访谈

班主任和资源教师是参与随班就读学生教育教学工作的主要教师。为了更好地发挥好教育作用,我校要求资源教师和班主任每学期与随班就读学生家长开展一次一对一的访谈活动,通过访谈进一步了解学生的发展情况和学生家庭的教育需求。通过访谈活动,教师和家长之间增进了了解,更增进了相互理解;教师更容易理解这些"问题学生"问题产生的客观原因,更容易理解这些"问题学生"家庭的不容易,进而带着爱心去做这些学生的工作,使这些学生的特殊需要得到更大的满足;家长因为有了教师的理解,也能够更好地配合教师做好学生的工作,家校协同的作用会发挥得更好。

三、落实好随班就读工作的教学研究，不断提高工作水平

教师是学生发展有力的支持者和促进者，只有当教师有了更多观念上的转变，有了更多更好的教育方法，学生才可能获得更好的发展。因而，定期开展教研活动，使教师之间有更多的交流机会，是推动随班就读工作发展的重要途径。

我校每学期开学初召开专门的随班就读工作会，交流本学期随班就读工作计划；学期中，要求教师撰写一篇特殊教育学习心得或者随班就读教育随笔；学期末，召开随班就读教育交流会，总结教研活动。学校教师由最初不知道什么是个别教育计划，到通过不断培训能够较好地撰写个别教育计划，并能够就随班就读学生的教育教学工作时常进行讨论交流。其中，不断实施的专题教研活动起到了推动作用。

四、发挥评价的积极作用，推动随班就读工作体系内成员积极参与

（一）对随班就读学生的评价

1. 及时展示成果，做好随班就读学生的形成性评价

资源教室建设初期，学校以班级文化建设理念为出发点，做好激励评价的教育活动设计，在资源教室中设计以"天天在成长"为主题的评比展板。评比内容包括学习、交往、个训和守纪四方面的内容，对学生的在校的行为和学习情况进行评价，并对学生的作业、作品进行展示。在学生进行个训和学科补救后，教师对学生的各方面表现进行评价。小小的展板激发了学生的学习热情，看着展板上贴出的越来越多的小红花，孩子们脸上自信的笑容也越来越灿烂。在辅导过程中，教师们注重为学生积累学习成果，辅导学生设计小报、作业，并在资源教室的展板上进行展览，累积"小红花"。通过教师和学生一对一的互动，特殊学生的一部分特殊需要得到满足，使问题逐步得到改善。在教师实施的评价中，孩子们向一个个更高的目标不断努力。

为了更好地发挥评价促进学生发展的作用，使更多的老师参与学生评价，学校进一步开展面向各个学科的对特殊学生的评价活动。学校定制了具有学校特色的表扬卡，在实践中，学科教师通过观察随班就读学生的课堂学习表现和课下的表现，在学习、人际交往、纪律等方面对学生进行简要评价。课后由助学伙伴陪伴着随班就读学生把表扬卡送到资源教室。教师根据表扬的内容，选择所属的类别，在学生的小展板上的相应位置贴上一朵小红花。

随着"收集表扬卡"活动的开展，随班就读学生有了更多的机会来到他们的另一个班集体——资源教室。在活动的实施过程中，孩子们经常拿着表扬卡或者他们在学习后完成的作品来到资源教室，兴高采烈地喊着报告把表扬卡交给资源老师。课间，一个学生对学科老师说："老师，如果我表现好，您就可以奖励我一个表扬卡。"这让我们看到学生很重视表扬卡，也懂得要以好的表现来争取得到表扬卡，得到老师的肯定。在分发表扬卡的过程中，教师们给予了随班就读学生更多的关注，及时发现学生积极正向的行为，把对学生的肯定以表扬卡的形式外化出来。

2. 表彰鼓励，做好随班就读学生的终结性评价

通过一学期的学习，学校会根据学生的表现，开展多维度的评价活动，评选优秀作业奖，优秀表扬信一、二、三等奖，学习成绩进步奖，学习成绩优秀奖和优秀作品奖。颁奖会由学校领导、资源教师、班主任、优秀学科教师代表参加，一项项的奖状和奖品激励了学生进一步努力完善自己的愿望。

（二）对参与随班就读工作教师的评价

1. 及时展示随班就读工作教师的成果，做好及时评价

为了更好地发挥好教师之间的激励作用，学校建立了随班就读教师网络交流平台。这个平台把教师们颁给学生的表扬信，教师指导学生完成的作业、作品，教师耐心指导学生的情景等拍成照片，通过飞信群发布出去，展示对学生的关注情况。随班就读教师对学生的积极关注，得到了学校领导的肯定。这也调动了教师们参与的积极性。

2. 重视工作质量，做好对随班就读工作教师的终结性评价

根据教师指导随班就读学生的成果，学校进行工作量统计和质的评价，对教师开展的学科补救情况、表扬卡颁发数量、个别教育计划撰写量等进行统计，每学期评选优秀个别教育计划奖、优秀作业指导奖、学生学业成绩达成度奖、优秀教育故事奖等多种奖项。评价活动的开展，体现了学校对随班就读工作的支持，激励了教师进一步做好随班就读工作。

围绕以上几个方面，通过一段时期的随班就读工作的运作，我校的随班就读工作有效开展起来。在这个运作体系中，学生通过学科教师、班主任、资源教师的帮助，情绪稳定，与小伙伴关系良好，学习能力得到逐步提高；教师在课堂教学、论文成果、案例成果等方面取得了显著成绩。在特殊教育的探索过程中，还存在着很多可以开发的领域，通过不断努力，学校特殊教育一定能够获得更好的发展，随班就读学生也必将获得更优质的发展环境。

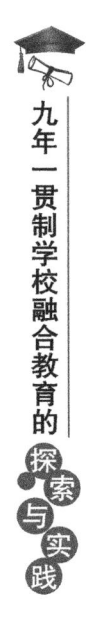

实施积极关注，促进随班就读学生参与课堂学习的策略研究[*]

一、问题提出

由于随班就读学生在智力、情绪、行为等方面与普通学生相比存在差异，他们往往在课堂上表现出一些问题，如果教师不能给予关注和必要的支持，他们在课堂学习中往往会出现"随班就坐"而非随班就读的问题，甚至一些随班就读学生的问题可能会影响整个班级的课堂学习。

在随班就读学生问题改善的研究和行动中，我校注重对随班就读学生课堂学习的关注，注重随班就读学生课堂问题改善对随班就读学生问题改善的重要作用，以积极的视角，开展对随班就读学生课堂教学策略的行动研究，初步形成一些有效的教育策略。

二、行动研究方案简述

积极关注（positive regard）是一个心理学名词，在罗杰斯早期的文章中被称为"无条件积极关注"（unconditional positive regard），意思指咨询者以积极的态度看待来访者，对来访者的言语和行为的积极面、光明面或长处给予有选择的关注，利用其自身的积极因素促使其发生积极变化。

我校对随班就读学生的教育策略研究，从积极关注的教育理念出发，以"照片里的故事"活动为载体，在课堂教学中，教师关注随班就读学生，捕

---

[*] 作者：张东红，北京教育科学研究院附属石景山实验学校教师。

捉学生参与教育教学活动的瞬间，编辑成图文并茂的成果形式。这样的生动形式更易于被教师接受，引发教师对随班就读学生更多的细心观察。

在对教师的访谈中，我们发现，教师表现出对随班就读学生的特点了解很清楚，喜欢随班就读学生。虽然其学习能力较同龄学生更低，但教师能够发现他们可爱的一面，发现闪光点，发现发展的可能。实验证明，依托这项活动指导教师开展对随班就读学生的关注，可进一步促使教师主动构建良好的师生关系，增加对随班就读学生的指导，进一步落实教育行动。

三、促进随班就读学生参与课堂学习策略

通过教师的积极行动反馈的教育故事，就如何促进随班就读学生有效参与课堂学习，而非"随班就坐"，初步采取了"一对一"的辅导策略、降低目标策略、优先展示策略、激励评价策略、小伙伴助学策略等。这些策略对学生问题的改善发挥着积极的促进作用。

（一）一对一辅导策略

"一对一"辅导策略要求课堂上学生在进行独自练习的环节中，教师要对随班就读学生给以帮扶，帮助学生完成练习内容。

策略应用事例：

写字是写字课上的一项重要内容。刚指导小D在田格本里写字的时候，他总是把字写在田字格的左上格或右上格，无论怎么讲解、示范，他还是不明白。下课以后，我把他单独约来，给他"讲故事"："在我们的生字本上有许多小房子，这些小房子就是田字格。我们要请小客人到房子里住，这些小客人就是汉字。你看，如果让小客人住在房子的一角，多不宽敞啊。怎么办呢？我们就把每一个汉字写开些，让小客人能伸开胳膊、腿，占满这小房子，好不好？"他聚精会神地听着，好像是听懂了。我又手把手地教他把每个笔画填在田字格的适当位置。他终于能在田字格里写出第一个像样的汉字了。我用十分夸张的语气赞美他写得好，他眨着纯真的眼睛，冲着我甜甜地笑了。看着他的笑容，我心里有说不出的感动。

(二) 降低目标策略

降低目标策略要求教师在备课中考虑随班就读学生，尤其是智力障碍学生的能力水平，确定随班就读学生能够达成的学习目标，并在教学活动设计中，设置一些能力水平相当的问题或活动让随班就读学生参与。在课堂学习中，对于智力障碍学生，教师要依据学生的能力发展水平，分析学生的问题障碍和优势特长，制定学生能够达成的学习目标，在此基础上设计适合学生进行的学习活动，并给予相应的材料支持，以逐步减小随班就读学生与普通学生之间的差距。

策略应用事例：

为了保护学生参与的积极性，我在课堂中注意把一些简单的问题或者容易操作的活动交给学生去做。在《空气占据空间吗》一课教学中，有一个教学活动是往瓶子里面装小石子。这个活动我让小L和一名小伙伴一起做，孩子们特别开心。这个活动促进了学生参与课堂学习，也增进了小伙伴之间的友好相处。我想，有意识地把一些较容易的活动设计给随读学生参与，有意识地引导小伙伴与随读学生的合作、互动，会增强学生的自信心，增进学生之间的友谊，随班就读学生也一定会取得越来越大的进步。

此外，在教学中，教师可以为学生准备一些适合的材料，如在数学课元角分的学习中，可以为随读学生准备好纸币、硬币实物材料；在美术课中，教师依据学生能力水平，可以为学生准备一些半成品素材。在这样的材料基础上，促进学生能够在课堂中充分参与学习活动，在不断参与中，逐步缩小与普通学生的能力水平。

(三) 优先展示策略

优先展示策略要求教师在课堂教学活动中关注随班就读学生的学习进程和参与状态，当随班就读学生有展示的愿望时，应优先于其他学生展示。

策略应用事例：

小 C 是一个有视力障碍的小女孩，但是成绩非常好。她上课不善于表现自己，当同学们争先恐后地举手的时候，很少看到她举手回答问题。鉴于她视力上的障碍，我让她坐在教室的前面。在一次学生的成果展示中，她举起手，我觉得这是一个很好的展示机会，而且是到前面来读幻灯片，这对于她的视力障碍来说应该没有问题。小 C 读得很流利。我想，每一个孩子都需要老师的关注，那些上课不太爱表达的孩子，当他们举手的时候，一定要把机会给他们，让他们把这个表现自我、展示自我的机会把握好，增强他们的自信心，为他们更精彩的表现创造可能。

（四）激励评价策略

激励评价策略要求教师设计激励评价的方法，当学生表现优秀时要给予及时肯定，促进学生形成积极正向的行为。

策略应用事例：

小 Z 是一名有智力障碍的随读学生，上课前他会故意说他没带书没带笔记之类的，一会儿后又会告诉老师他带书了，逗你玩呢……上课时他总会故意大声说话、接话茬等。通过课上课下的行为我发现小 Z 非常缺乏自信，总是想方设法地吸引别人的注意。在检查笔记时，我发现他的字迹相对于其他学生要工整干净得多，于是我就开始在课上表扬他的字写得好看，笔记记录得清楚整齐。一开始，他还是会在我表扬他的时候接话茬，说"那当然，也不看看是谁写的"之类的话。后来我坚持每次上课经过他身边时都检查他的笔记，记得好就立刻表扬，记得不好就小声提醒。慢慢地，他的笔记在班级中已经是很不错的了，课堂上的表现也有了好转。

（五）小伙伴助学策略

小伙伴助学策略要求教师在随班就读学生的班级中选择一名同学，作为随读学生学习过程的帮扶者，在分组学习活动或者二人合作的学习过程中，助学伙伴给予随读学生一定的帮助，使随班就读学生能够在一定程度上跟随班级的学习活动进程，防止随读生因为学习方面的障碍游离于学习活动之外。

策略应用事例：

小L是一名有智力障碍的学生，在识字方面基础不扎实，在课上读书的教学环节时，她总是表现出躲避、不参与。因此，在读书活动的设计上，我特别设计了两人合作小组，两人一起读。在这样的活动设计下，班内的学生两两一起你一句我一句地读书，遇到不认识的字，小伙伴及时给予帮助。在小伙伴的帮助下，小L积极参与课堂学习活动。

通过实践改进，教师工作有方法指导，开展工作扎实有序。在资源教师和学科教师的共同努力下，在家校合作中，随班就读学生尤其是智力障碍学生情绪稳定，学习做到了随班就读，而不是"随班就坐"。在原有的基础上，其成绩取得进步，学习能力提升，各方面问题得到改善。

四、研究反思

关注随班就读学生，是做好随班就读工作的第一步。但如果没有有效的组织，教师就不能主动发现随读学生的发展与变化。在本研究中，促进教师对随班就读学生的关注，参与对随班就读学生问题改善的行动策略研究行动是工作的难点。为了解决这个难点，学校组织教师着眼于日常的教育行动，降低研究难度，促进教师主动关注随班就读学生。在关注中，教师对随班就读学生的学习提供了切实的支持。在这样的行动中，教师获得了方法上的启发，随班就读学生情绪稳定，较好地参与各项学习活动，随班就读得到有效落实。

第四篇

学科教学中融合教育的探索

促进小学随读生能力提升的英语阅读教学策略的研究*

当下"随班就读"已经成为轻度智力残疾儿童在现有条件下实现"融合式"教育的最佳方式。在我所任教的班级里，就有这样的学生。他们的学习能力相对比较差，容易产生自卑心理。他们在课堂上几乎不举手发言，作业质量很差，英语听力、口语、阅读也比较差。虽然他们也喜欢英语，但苦于没有得到老师和家长的更多关注和帮助，学习情况不太理想，也容易受到其他学生的嘲笑。要让随班就读生融入主流，每节课都让他们学有所获、身心愉悦，那么随班就读课堂教学策略是关键。新课程标准明确提出小学阶段的阅读目标为：能借助图片读懂简单的故事或小短文，并养成按意群阅读的习惯；能正确朗读所学故事或短文。学生阅读能力的培养，是有效发展学生的综合语言运用能力的手段之一。因此，教师在小学阶段就应该有意识地培养学生的英语阅读习惯，从而为学生的终身发展打下良好的基础。

一、基于随读生培养的小学英语阅读教学中存在的问题

（一）注重词汇语法，忽视文本结构

教师往往过分关注文本中出现的语言点，把阅读教学当作词汇教学一样，对每个生词或短语都进行细致入微的分析、讲解，却忽视了文本的结构，缺乏一定的阅读指导，因此学生在阅读时也只关注单词，获取的都是一些碎片

---

* 作者：刘东艳，北京教育科学研究院附属石景山实验学校教师。

化的信息，缺少对文本架构的整体认知。随班就读学生本身词汇量就少，学生无法形成语篇模式意识，对于阐明记叙文中事件的起因、过程和结果产生一定困难，对于应用性文本格式体裁的语篇无法理解、看不懂，因此分析、概括、比较、评价、联想和创新等能力也无法得到有效提升。

（二）问题缺乏层次，活动设计随意

教师提出的问题缺乏层次性，很少关注这些随读生，他们无法结合生活实际或者自己的经验来抒发个人观点，常常"思辨缺席"。另外，教师往往会为了活跃课堂气氛而设计一些活动，但是忽略了随读生的认知水平。因此，在阅读教学中，提问及活动的设计质量直接影响随读生思维品质的发展。

二、基于随读生培养的小学英语阅读教学策略

根据教学实践，要培养随读生的英语阅读能力，可以从以下几个方面进行。

（一）借助思维导图，厘清语篇内容

英国心理学家托尼·巴赞（Tony Buzan）在 20 世纪 60 年代初，首先将思维导图应用于训练一群被称为"学习障碍者"和"阅读能力丧失者"的族群。这些被称为"失败者"或曾经被放弃的学生，很快地变成好学生，其中更有一部分变为同年级中的佼佼者。1971 年，托尼·巴赞开始将他的研究成果结集成书，慢慢形成了放射性思考和思维导图的概念。

基于我校学情，在日常教学中，我们以思维导图为辅助工具，帮助学生获取关键信息、理解文章大意、分析文本结构、厘清故事脉络、提炼文本情感、培养语篇模式意识和思维品质，从而提升语言综合运用能力。

古人云："教人未见意趣，必不乐学。"可见兴趣对于一个人的学习来说是一个至关重要的条件。在英语课上，教师巧用思维导图，通过形象、直观的图画方式有效吸引学生的注意力，关注学生的个体差异。例如，对四年级上册 Unit 1 lesson 2，通过解读对话内容、学生合作（助学伙伴）整理绘制出

图中人物是如何由伤心到开心和惊讶的流程图（见图1），学生阅读探究的积极性被激发出来。

图1　毛毛由伤心到开心和惊讶的流程图

1. 阅读前准备

为了提高课堂效率，关注随读生，在尝试思维导图课堂教学实践初始时期，我在课前先根据课文将思维导图绘制好，在学生展开阅读前围绕前一课学习内容或本课内容相关话题引导学生发言，为随读生设计简单的问题；再以图片或幻灯片的形式展示给学生，以思维导图辅助复习，帮助学生再次熟悉整理文本，并学习绘制这类课文思维导图的基本思路和方法，从而帮助学生顺利、准确地理解文章。

2. 阅读中交流

学生根据自己对文本的理解而制作的思维导图，因为个体差异，每个人的设计都不会完全相同。设计之后可在全班范围内开展分享和交流活动。在这个活动中，我指导学生通过讨论交流，调整思维导图，完成主要的教学任务，提高学生的学习兴趣和效率。以 *Are you going away for the holiday?* 的教学为例，本单元的话题是"travel plan"。单元内容学习完后，我引导学生以思维导图的方式整理出文本的主要信息。学生会首先写出第一枝干"who""when""where""how""what"等，再通过阅读，找到关键信息，完成第二枝干。

3. 阅读后输出

阅读后，要求学生根据自己的思维导图复述课文，可以复述全文，也可以复述片段，重点在引导学生根据自己的能力和兴趣进行复述。思维导图不仅能帮助学生梳理文章主旨，抓住文章主线，还可以达到看图复述文章的目

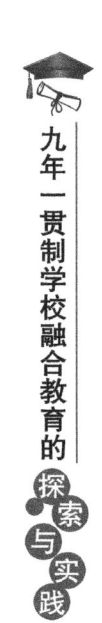

的。思维活跃、发散性思维较好的学生还能衍生出其他话题。随班就读学生可以在自己原有认知的基础上，通过一个中心词梳理文本知识。

（二）随班就读合作学习，深入阅读理解

合作学习作为一种以促进学生自主合作探究为特征的学习方式，本身具有几个方面的优势。第一，绝大多数的研究表明，通过合作学习可以提高普通学生和特殊学生的成绩及其他方面的发展。例如，组内成员之间的关系、对随读生的接纳及提高随读生的自尊等。第二，人们越来越认识到学生必须学会思考、解决问题、运用学到的知识和技能。合作学习是达到这些目标的好方法。第三，合作学习被认为对学生之间的社会关系有着积极影响。因此，合作学习被广泛应用于课堂教学之中。

1. 合作学习模式基本成立

首先，教师了解每个学生的特点，包括性别、学习习惯、个性特点、组织能力、学业成绩等情况，对学生进行"异质"分组：将全班学生按成绩划分为优、良、中、差四个层次，把四个层次的学生适当搭配，分成合作小组，各小组间的层次、人数、性别比例基本平衡，并选择组织管理能力和责任心强的同学担任组长。组长可由教师指定或由组员推选，也可实行轮换制使每个学生都得到这方面的发展机会。其次，在实际教学中，教师会为学生创造识记合作的机会与情景。

2. 努力提高对随读生的接纳程度

在传统教学中，普通学生都不愿意和随读生交往，并且经常冷落随读生，导致随读生只与很有限的同伴进行交往。美国教育技术专家史匹哲（Spitzer）认为，在改变个人态度方面，小组往往能发挥强有力的影响作用。合作学习在相当大程度上改善了随读生的处境，明显降低了普通学生对随读生的拒绝程度。在合作过程中，同伴之间互相协商、鼓励、关心和支持，使随读生产生一种强烈的归属感，增强同伴之间的信任和理解。

3. 合作学习中教师要创设和谐氛围，激发随读生的学习兴趣

学习兴趣是学生基于自己的内心需要而表现出来的一种认识倾向。教师

的教学方法、教学因素、教学策略、对学生的注意和了解、赏罚情况等，都会影响学习兴趣。教师要把随读生看作普通的学生，在教学过程中，为随读生创设一种融洽的学习气氛。只有使随读生在班级中感受到温馨，没有身体上和心理上的威胁与歧视，他们才会有安全感。同时，安全感也是在尝试新的知识技能的掌握中，由于取得成功或失败不会被取笑和讥讽的情况下建立起来的。所以，教师要尽量创设和谐氛围，使随读生建立自信，主动发言。因此，教师可以增加阅读的趣味性，活跃课堂气氛，让学生分角色合作阅读，这些方法可以有效提高学生的阅读能力。我在进行小学英语四年级上册 *Story Time* 时，便让学生进行了角色扮演的合作阅读。我让一名同学扮演"Lala"，一名同学扮演"Kate"，一名同学扮演"Maomao"，小组合作阅读后，可以到前面表演。同学们都被这种有趣的朗读表演方式逗得哄堂大笑。通过这种方式的学习，学生们更喜欢英语阅读了，甚至课后也会模仿课文里面的语言和朋友开玩笑。通过分角色朗读的方式，平面的书本变成立体的人物，每个人扮演不同的角色，增加了阅读的趣味性。同学们朗读起来轻松愉快，课堂气氛也活跃起来，学生也更愿意读课文，对于课文内容的理解也更深刻。随读生也融入小组合作中，彼此在原有基础上共同进步，其乐融融。

4. 教师在合作学习中充当好自己的角色

与传统的教师角色不同，教师在合作学习中充当的是指导者、合作者、促进者和参与者的角色。教师首先要做好随读生的思想工作，鼓励他们积极参与、大胆发言，勇于说出自己的意见，不怕出错。其次，在组内安排他们优先发言，让随读生先说出最容易的，并且在随读生顺利完成小组任务时，教师要及时给予表扬，使他们体验成功的快乐。最后，教师必须对随读生进行现场的观察和介入，及时发现随读生在阅读中存在的问题并予以指导。

三、随班就读课堂英语阅读教学环节的分层教学

随班就读教学过程要求教师在各个教学环节都兼顾学生的不同需要，如果教师只在学生完成作业时才开始关注，是远远不够的。在一节课的教学中，教师如果大部分时间都没有考虑随读生，仅仅靠最后几分钟的时间进行个别

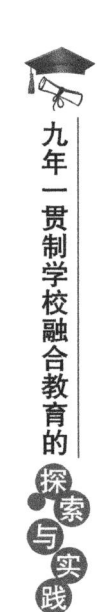

辅导是难以满足学生特殊需要的。实际上,这种"兼顾"有时并不占用很多教学时间,而是需要教师在教学过程中做灵活处理。如教师演示时考虑到一些智力落后的学生感知觉速度慢,可以有意识地多次向他们做演示,就可以兼顾他们的特殊需要了。课堂上要特别强调兼顾教学关键环节,学生学习的效果才会有基本的保证。

为了在课堂教学中兼顾不同学生的需要,教师课前对教学环节要精心设计,教案可以设计成两部分。一部分针对班上水平相近的大部分普通学生;另一部分,针对班上有差异需要的随读生。在每一个教学环节都考虑针对不同需要的教学措施,然后将它们有机结合起来,这样才会取得较好的教学效果。我会把阅读任务分割成几个部分或片段,每个小组负责掌握其中的一个部分,根据个体差异分配不同的任务,让每个同学在自己原有的认知基础上有所提升,随后把负责不同任务的学生集中起来,共同学习和研究所承担的大任务。

四、建立随读生英语阅读档案,注意积累

鼓励学生建立自己的阅读档案。无论是在课内阅读还是在课外阅读中,随读生都将接触许多新知识。阅读档案的建立是促进随读生课外阅读、促进他们养成良好阅读习惯的好方法。因此,教师应培养学生做读书笔记和积累知识的习惯。要求学生把每周完成的阅读报告进行整理,收纳于自己的档案袋中,以备检查。

总之,随班就读教学在我国还处于探讨阶段,教师应该不断努力,积极寻求和总结满足随读生的特殊需要的有效的教学方法。

阅读是语言学习的方式之一。小学英语阅读能力的培养是提高英语教学质量的重要保证。只有大量地阅读、不断地阅读,有大量的语言"输入",才会有语言的"输出",学习英语才会事半功倍。因此,在小学英语阅读教学中,教师应注重培养学生的阅读能力,将英语阅读教学付诸实践、落到实处,有效进行阅读指导,让这些随班就读的孩子走得更远!

"三位一体"共发展

——轻度智力障碍随班就读学生英语学习能力提升的实践研究*

随班就读学生因其特殊性,需要得到更多来自学校、家庭和教师的关心与爱护。如何才能发挥这三方面的最大效能,提升随班就读学生英语学习的积极性?本文选取教学中的一个典型案例,剖析轻度智力障碍类随班就读学生的特点,以及展示我通过反思自身的教学行为,改变教学策略,采取的一系列"帮扶""脱困"的具体做法。本着"让每一个适龄儿童都能享受公平的教育,在快乐中成长"的目标,我积极探索适合随班就读学生健康发展的有效途径。

一、研究背景

我校(北京教育科学研究院附属石景山实验学校)是一所九年一贯制学校,同时也是学区融合教育资源中心。学校有11位随班就读学生,其中7位是智力障碍学生。为了能够对这部分特殊学生开展针对性的教育教学活动,在面对不同"问题"随班就读学生时,通过学校、家庭、教师的不懈努力,我们在实践中总结出一些经验,以期能够协助更多学校和一线教师开展相关工作,并帮助特殊学生家庭降低或减少教育焦虑。

学校层面:对我校内部有特殊需要的学生家长、任课教师进行摸底和访

---

* 作者:万丽,北京教育科学研究院附属石景山实验学校教师。

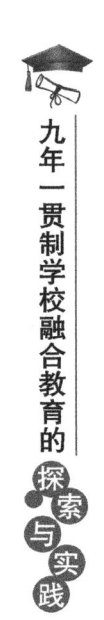

谈,了解他们的真实想法和实际困难。根据了解情况进行分类汇总,为下一步开展有效研究奠定坚实基础。

教师层面:在研究工作实施阶段,定期开展个训指导、问题汇报、专题培训、工作总结等活动,帮助教师推进此项工作。

家庭层面:定期召开家长会,使家长了解学校的学年整体工作安排,鼓励家长积极与相关学科教师沟通交流。

通过以上实践,最终达成学校、家庭、教师"三位一体"的有效联动,共同促进随班就读学生健康、可持续发展。

二、概念界定

(一) 智力障碍的定义

美国智力落后协会(The American Association on Intellectual and Developmental Disability,AAIDD)于2021年发布了"智力障碍"的新版定义,将智力障碍者定义为"包含着在认知功能以及适应行为上的重大限制。这个限制在22岁以前就会出现。认知功能也可称为智力,是一种包含多种技巧(如学习、推理、问题解决等)的认知能力。适应行为是一系列人们在日常生活中习得并表现的能力,包含概念技能、社交技能和实用技能三个部分"[1]。

(二) 智力障碍的表现形式

通过搜集相关资料了解到:智力障碍儿童与同龄、同一文化层次的儿童相比,除了智力偏低之外,还缺乏适应社会的能力。智力障碍表现为言语表达困难;记忆容量小,理解不了社会规则和事物的因果关系,无法解决简单的问题;思维逻辑有困难等。[2] 智力残疾可划分为四个不同的等级(见表1)。

---

[1] 傅王倩,郭媛媛.论智力障碍定义演变及其实践影响[J].中国特殊教育,2021(12):35-40.

[2] 吴雪瑞,明兰.儿歌在轻度智力障碍认知发展中的功能研究[J].文学教育(下),2015(9):150-151.

表1 智力障碍的分类等级与表现

智力等级	智力表现
极重度智力残疾（一级）	韦氏智力测验分值在25以下，需要给其提供全面的系统性的支持
重度智力残疾（二级）	韦氏智力测验分值在25~40
中度智力残疾（三级）	韦氏智力测验分值在40~55，这一类儿童可教育性良好
轻度智力残疾（四级）	韦氏智力测验分值在55~70。轻度智力残疾儿童在许多方面和普通儿童并无明显差异，经特别的指导和训练，这类儿童可以在普通学校进行随班就读

三、案例研究

轻度智力障碍学生虽然与普通学生不同，但他们的内心情感也是非常丰富的。有时他们比一般学生更加敏感和脆弱，也更需要教师的关心与照顾。教师应公平地对待每个学生，探寻能够帮助学生转变和成长的方式，安抚学生的不良情绪；也可以调动家长资源，家长和教师共同努力，辅以学校的力量，在持续沟通中形成一个较为完整稳定的联系网，三方共同促进学生健康茁壮成长。

（一）个案描述

她是一个乖巧听话的女孩，但随着年级升高，知识难度加大，这个原本努力上进的孩子渐渐地脱离了师生们的视线。当她再一次"回归"时，则是以一名"随班就读"学生的身份出现在大家面前的。她就是我们班的小欣。听到这一消息时我很诧异，这个孩子成绩虽然不理想，常常倒数或者不及格，可是却从来没有放弃学习。后来，在跟孩子的家长沟通后得知，小欣在很小的时候父母离异，从小跟着姥姥生活。老人年龄大，除了要照顾她的日常生活外，还要监督她的学习。低年级的知识，老人还能勉强对其进行辅导，从中年级开始，老人逐渐感到力不从心。虽然小欣依旧很勤奋但成绩无太大起色。后来，家长向学校提供了权威机构出具的相关证明，显示该生为"智力障碍"。

（二）个案基本情况

通过查阅相关书籍及了解到该生的具体情况后，作为教师的我努力尝试改变原有的教学方法和手段，避免让原本不幸的小欣，因为我的"无知"而丧失学习的兴趣和信心。于是，针对轻度智力障碍学生的特点，我对其进行了多次"一对一"的深度交流，并获得了第一手资料（见表2），这些都为我后续的学科干预打下了良好的基础。

表2　随班就读学生的基本情况

姓名	小欣	性别	女	年级	五年级
序号	分类	具体情况			
1	性格描述	该生智力水平远低于同龄普通儿童，为轻度智力障碍。性格非常内向，很少与同学、老师交流。上课从不主动举手回答问题，老师点名让她回答问题时，她总表现为坐立不安、不知所措			
2	智力因素	该生记忆力、理解能力较差，反应迟缓。老师的要求她需要慢慢体会后才能理解。该生不爱说话，因而语言表达能力相对低下。尤其是英语学科基本上张不开嘴。找她谈心时她总是支支吾吾，无法从她的回答中得知她对知识的掌握程度。从测试的分值来看，她在学习上有很大的困难。对需要死记硬背的知识能够掌握一些，如简单的词汇拼写等，但也只是局限于部分单词。理解能力及阅读能力较差，大多数题目如果老师不做解释、不提醒，则根本看不懂题目要求，同时缺乏一定的逻辑思维能力。课堂上，有时会出现间歇性的注意力分散，影响其听课的效果，学期成绩处于待合格水平			
3	家庭情况	该生缺少父母关爱。现阶段和姥姥住在一起，由老人负责照顾其日常起居及上下学接送，老人对其学习很上心。但由于年龄比较大，知识水平有限，老人在辅导该生学业方面存在很大困难，主要以叮嘱和陪伴为主，作业基本上靠该生自主完成			
4	个人优势	该生能够独立认真完成作业，有一定的上进心，文明有礼，书面作业整洁，字迹规范，对于自己喜欢的老师布置的学习任务能尽所能去完成，且能够做到言出必行			

（三）个案干预实施

基于该生上述特点，在学期的随班就读个别辅导过程中，我对她尝试采用以集体教学为主、伙伴帮扶为辅的模式，以任务驱动的方式帮助小欣上好每一节英语课的同时，助力其从"要我学到我要学"的转变。具体做法如下。

1. 制造机会，关注随读生

每次英语课上，我都会刻意制造一些机会让小欣也参与其中。在课堂提问环节，我将备课中提前设计好的问题按照难易程度分别对普通学生和随班就读学生提问。在课堂训练中，在要求全班学生做练习题时，我会给小欣"开小灶"，适当降低题目难度。这样的分层实践，让小欣不再因为"题太难而无从下手"。她在回答问题和做练习题的过程中找回了一些自信。在老师和同伴的帮助下，她努力尝试着完成新的学习目标。

2. 发现问题，及时调整

考虑到班中教学对象的差异性，我会时刻关注学生们的变化，通过普通学生回答问题、表达观点或者练习反馈等，了解大部分学生的掌握情况。每当发现小欣皱眉头的时候，我会主动询问。通过观察、询问等及时发现问题，并调整教学内容。教学过程中的各个环节特别是语言操练环节，我都会力争照顾到随班就读学生。课堂上的适时调整，是为了让更多孩子都能学有所得。

记得在讲授 *Musical Instruments* 这一单元时，由于学习的内容同绝大多数学生的生活实际相差较远，我设计了不同的问题，以问题驱动的方式帮助学生应用语言。学习内容见表3。

表3 *Musical Instruments* 单元课堂问题设计示例

老师的问题	学生的回答
T：Do you know the concert?	Ss：Yes. / No.
T：What is the concert like?	Ss：It likes a party and there are many programs in it.
T：Wonderful! What musical instruments do you play?	Ss：I play…

续表

老师的问题	学生的回答
T：Oh, great! Can you play the piano?	Ss：No, I can't.
T：Can you play the drums?	Ss：Yes, I can.
…	…

以问答的方式帮助学生学习语言，摒弃了机械性的重复操练，加深了学生对所学词汇的记忆。同时，在对话中也融入了诸如模仿、描述等语言操练形式，开阔了学生的思路，尤其调动了随班就读学生小欣的积极性。在此过程中，她为了能够得到老师的更多表扬与认可，主动与同伴一起讨论，甚至能够说出本课中出现的部分新授单词。这一变化再次说明，适时的改变能够让包括随班就读学生在内的更多学生受益。

3. 助学伙伴，共同成长

助学伙伴是随班就读教学中一支不可忽视的力量。助学活动不仅使智力障碍儿童从同伴的帮助中获得做事的动力，还能使其在交往中开阔眼界，增加与他人接触的机会，逐步学会适应生活、适应社会。对助学伙伴来说，助学活动也是建立爱心、学会关心他人、促进自我发展的良机。我选择助学伙伴的条件是：学习成绩优异，有一定的耐心和爱心，愿意帮助他人共同进步。于是，在小欣推荐以及我的观察和征求意见后，我选择了班中两位学生作为助学伙伴帮助小欣的日常学习，其内容包括：及时为其讲解未听懂的内容；帮助检查当天的记事是否抄全；督促其订正当天的错题等。在此基础上，我也会随时找助学伙伴了解小欣的学习动态，包括：学习态度是否认真；作业完成是否按时；与助学伙伴间的相处是否融洽，等等。

通过一段时间的观察与实践，我发现不仅小欣在学习上有了较为明显的进步，就连助学伙伴也发生了变化：她们做起事情来更加认真、有耐心、有条理。通过给小欣讲练习题，她们自身对题目的理解越来越全面，做题的准确性明显提升。彼此共同进步，共同提升。

4. 挖掘优势，寻找突破

考虑到小欣是个爱画画的孩子，我常常鼓励她用画画的方式识记单词。

她非常喜欢这种学习方法，不仅画画的水平越来越高，还记住了不少词汇。这一做法大大激发了她的求知欲。记得在一次班级作品展示活动中，我将所有学生的作品以匿名的方式进行展示，结果在匿名的情况下，小欣的作品获得了高分，她也得到了同学们的认可。这在很大程度上激励了她学习英语的主动性，学习态度也越发端正。

5. 家校联动，巩固提升

家庭教育对随班就读学生的发展尤为重要。作为英语教师，我经常与小欣的监护人联系，打电话、发信息，还利用放学送路队的时间向家长及时了解她在家里的学习状况。在接触交流中，我会给予小欣姥姥一些易操作的辅导提示。对于小欣在学校表现好的方面我会予以高度赞扬；对她表现欠缺的方面我也会提醒家长留意观察，多鼓励、少批评，共同维护"得来不易"的教育成果。经过一段时间的密切配合，家校之间达成了一种默契，这也使小欣逐渐放下思想包袱，变得敢于向家长和老师表达自己的观点，日常表现也越发自信。

四、个案干预效果

基于上述模式，经过一个学期的努力，小欣英语个训累计 12 次，上交作品数量达到 14 份（包括单词抄写、听写与改错、习题操练及英语手抄报等），共获得各类奖励卡 11 张。在期末考试中，她的英语成绩从上一学期的 25 分，提升到 40 分。虽然英语学业水平仍处于待合格，但是对于小欣来说，她真的已经尽力了。在一次次的个训中，我能够明显地感觉到她的用心。她会因为老师的一个眼神、一次评价、一次作业点评，或沮丧或欣喜。但总的来说，她在英语学习的道路上能不断进步。相信总有一天她会跻身合格者的行列。

五、评价与反思

在与小欣的一次次接触中，我意识到：轻度智力障碍随班就读学生是一

个特殊的群体,要使这部分学生真正融入班集体中,像普通学生一样成长,对于他们的教育是一项长期而又艰巨的工作。随班就读学生的教育工作要遵循客观发展规律,这就需要辅导教师要始终有耐心、爱心和恒心,要善于发现问题,及时调整教学策略。教育是一项充满挑战性的工作,教师只有在教育工作中不断努力挖掘各种非智力因素,创造一个有利于学生发展的空间,才能让随班就读学生感受到教育的公平,体会到学习的快乐。

六、结束语

作为教师,我们在教育教学过程中,要最大限度地满足随班就读学生的特殊需要,为他们提供融洽、友爱的学习氛围,采用符合其认知特点的教学方法,辅以耐心的个别化辅导,有针对性地拓宽随班就读学生的认知领域。请相信,只要我们努力,随班就读学生也能像普通学生一样阳光健康成长。

培养随班就读学生英语创造性思维有效策略的研究[*]

"双减"(指进一步减轻义务教育阶段学生作业负担和校外培训负担)政策的出台,为小学英语课堂"提质增效"提供了广阔的思考空间和务实的创新契机。课堂是学生全面发展的重要基础所在,是学生终身成长的重要路径,对于随班就读学生的身心健康发展尤为重要。

一、随班就读生的概念内涵

随班就读生是指在普通教育的普通班中吸收残疾儿童与健全儿童一起接受教育的形式。轻度智力障碍儿童指的是智商在55~70分(以韦氏智力测验为例),同时具有轻度的社会适应障碍。轻度智力障碍儿童具有基本的生活自理能力,能承担简单的家务劳动。

随班就读是在普通教育机构中对特殊学生实施教育的一种形式。当前,随班就读已成为特殊生接受教育的主要形式之一。智力很可能受到双语影响,因为双语语言能力的增长和智力的增长成正比。英语语言与随班就读生母语的交替学习和使用,有助于提高其自我效能感,减轻思想压力,然而双语的交替学习必须建立在该生拥有较强的英语语言学习兴趣之上。

---

[*] 作者:王筝,北京教育科学研究院附属石景山实验学校教师。

二、有效的课堂评价模式,为随班就读生的创造性思维培养提供可能性

课堂评价是一种收集和诠释学生学习活动的实际载体。当运用课堂评价时,我们需要思考:究竟何种评价模式将行之有效地帮助我们做好针对随班就读学生的课堂评价工作呢?

(一)适用于随班就读学生的非语言型评价模式

非语言型的评价模式,是一种非常好的适用于早期语言开发阶段的全身动作反应法。随班就读的学生因为自身的生理缺陷和智力因素等阻碍,处于英语学习的被动地位,因此在还没有拥有足够的语言技能和自信进行英语表达之前,运用动作反应的评价方法可以帮助教师对随班就读学生的认知情况做出准确的检测。

在评价过程中,以这种方式作为反馈评价,能够降低随班就读学生在检测过程中产生的焦虑感;同时,能够帮助他们把这种评价活动看成一种日常的学习活动,使随班就读的学生能够自然轻松地进入被检测状态。

北师大版小学英语三年级(下册)Unit 11 *Green berries* 的第二课时的教学内容,是关于认读身体部位类的单词。在此课时中,运用非语言型的评价模式可以有效监控随班就读学生的理解程度。具体操作及评价理念如下:在随班就读学生刚刚学习了几个关于身体部位的词汇后,为了检测他们是否能够理解这些单词意思,可以借助听力练习,教师说出这些单词并要求学生以触摸自己身体部位的方式做出动作反应。以此种方式进行课堂评估,教师可以直观地观测出哪些学生理解了单词,哪些学生还没有理解。如果随班就读学生都能够准确地做出反应,那么教师就会把这种回应当作可以继续进行新的授课内容的信号。否则,教师应调整授课进度,采用其他方法再次讲授随班就读学生难以掌握的知识点,提升他们的理解程度。

(二) 适用于随班就读学生的口语面谈型评价模式

对于语言学习的随班就读学生而言,当采取口语面谈交流的语言训练方式时,孩子们可以利用视觉线索展开对话交流。这种方法有助于教师开展口语交际活动的检测评价。

我们在评估随班就读学生的英语口语表述情况时,最好利用可视性的直观教具辅助评价活动的进行,比如图片、录像及卡通影像资料等都是可以选择的直观教具。在实际的操作评价中,教师的角色是借助问题,要求随班就读学生应用相关领域的主题语言及词汇进行口语表述活动。这一评价技能在早期的语言学习阶段是非常适用的一种评价方式。如果可以,那么完成评价表时最好以同龄、同语言水平或者小组评价的模式完成。

表1是取材于北师大版小学英语五年级(上册)Unit 3 *School sports day* 的第一课时故事教学的评价实例。在完成评价表格之前,随班就读学生被要求口头描述他们所看到的本课教学故事图片中所呈现的情景内容,并且允许随班就读学生从本课的部分故事情景中挑选出一项他们所喜欢的体育运动当作描述的对象,展开描述情景的口语表述活动。利用相关的图片话题进行讨论表述,要求随班就读学生运用与谈话内容相关的主题语言来开展讨论活动。每个学生都按照一定顺序发言,教师可以应用设计的评价表同步评估每个学生的表述情况。

设定的评价标准包括:很好、比较好、好、有待提高。

表1 口语面谈型评价表

内容	很好	比较好	好	有待提高
表达的相关程度				
表达的准确程度				
表达的流利、清晰程度				

(三) 适用于随班就读学生的观察型评价模式

在课堂教学中,观察法是评价技能中最为行之有效的方法之一。因为这

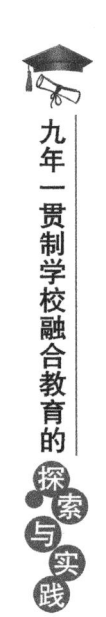

种评价活动可以在不打扰随班就读学生开展认知活动的前提下，在常规化的课堂学习过程中获得结果。

教师可以从随班就读学生活动的表现中观察到反馈信息。教师能够观察随班就读学生在课堂上如何运用语言知识进行口语交际，同时获得提升语言技能的机会，如何应用语言知识解决及完成课堂上所布置的口述型的学习任务，并且了解他们如何在合作式的学习活动中互相影响和彼此激发，获得自主学习的动力。

因此，观察型的评价模式有助于教师通过洞察随班就读学生的语言交际活动及课堂学习活动的具体表现，做出具有时效性和客观性的形成性评价。

北师大版小学英语二年级（上册）Unit 6 *Uncle Booky's story time*，呈现了两部分教学内容：一个内容是一篇有趣的小故事，另外一个内容是自我评价。本课时的内容与单元主题故事的功能和目的不同，这篇故事复现了本单元主要词汇与句型，属于扩展阅读材料，目的是培养随班就读学生的阅读兴趣，拓宽视野。自我评价活动体现了教材对学生自主学习的关注，以及自我评价意识和能力的培养。自我评价的目的在于让学生自己对学习过程和学习效果做出评价。

教师通过观察随班就读学生在本节课中对于拓展阅读材料的自主理解和自我评价这两个活动的表现，应用观察型评价模式，对随班就读学生的课堂学习表现进行跟踪监控。评价共涉及四部分内容：第一，随班就读学生能否参与小组和课堂的讨论活动；第二，随班就读学生能否倾听同伴的发言并做出回应，同时表述出自己的想法；第三，随班就读学生能否准确、清楚地运用恰当的语句进行口头表达；第四，随班就读的学生在对话时能否采用恰当的语言及肢体动作迎合同伴的对话需求。

表 2 是观察型的评价模式在这一教学实例中具体实施的评价过程和评价方式。

表2 评价实例表格：Observation Sheet

Items	Contents	Yes	No
Talking and Listening	Does the child participate in group and class discussion?		
	Does the child listen to other's idea and respond to it?		
	Does the child express ideas in clear and appropriate language?		
	Does the child march his/her talking manner to the needs of his/her classmates?		

（四）适用于随班就读学生的有效设问型的评价模式

在常态化的教学中，提问是极为常规且自然的教学活动之一。然而，通过课堂提问，教师可以收集到更多随班就读学生在语言知识和语言技能中所反馈的信息，并且能够了解随班就读学生对于某一话题所持有的观点、态度。

这些问题的设定必须使随班就读学生容易理解。教师应把这些从回答中提炼出来的反馈信息及时地应用到教学活动设计中去，以满足随班就读学生的学习需求。

（五）适用于随班就读学生的角色扮演式的评价模式

角色扮演式的评价模式，是结合了口语表述和动作式反应活动的一种非正式的评价模式。这种评价模式能够使几乎任何年龄段的孩子在参与评价活动时，都会很容易地体会活动的乐趣和被激励时的愉悦。特别是以小组合作参与活动的模式，更能使孩子们从中获得快乐。

这种评价模式看起来是一种颇具乐趣的学习方式。角色扮演可以被视为一种令随班就读学生感到享受及快乐的非正式评价模式，是一种有效的适用于对以内容为主题的课程所进行的考量评价模式。

同时，同伴间的评价对于开展小组活动的形成性评价而言，是不可或缺的一部分。因此，同伴评价可以帮助随班就读学生培养学习的自主权意识和责任意识。更重要的是，其可以加强普通学生与随班就读学生的相互影响力和协作精神，并且促进相互间的理解。

三、有效提问在随班就读生的创造性思维培养中的运用策略

（一）有效提问，引发多思，活跃创造思维

兴趣是最好的老师，是创造性思维形成的重要心理品质之一。实践证明，学生有了兴趣，才会自觉地花时间、下功夫，积极地思维，积极地学习；有了兴趣，才能产生强烈的求知欲，主动思考，擦出创造性的火花。

因此，教师要以创新的意识，想方设法激发随班就读学生的学习兴趣和学习热情，使他们产生内在的驱动力。有效提问要注意以下两点。

1. 避免提问"无效"

在听对话之前问"What day is today"为时尚早，因为如果没有对学生进行"新授句型"的语言输入，学生就无法带着问题"听对话找答案"，所以提问无效。

2. 采用"有信息关联"的句型，"引入式"提问

Teacher：Who is on duty today?　　Students：I am. /Tom is. /We are.

Teacher：OK. Today we will learn Lesson 1.

Let's watch a movie. And then, who can tell me what day is today?

第一个问题只要求说出某人的姓名，属于既熟悉又简单的问题类型，因此可以由随班就读的学生来回答。第二个问题具有关联性，需要思考的内容较多，并且回答时涉及语用功能句，因此这样的问题可以让其他学生回答。这种方式既激发了随班就读学生的学习兴趣，又引发了其他学生多思、深思，活跃了他们的思维。

（二）改变提问条件，启发创造思维

在教学中，提问的句型要注意选择性。在北京版小学英语二年级（上册）Unit 2 谈论"What do you do on Sunday?"这个话题时，对于随班就读的学生可以提问：Did she go to the park yesterday? Did they meet Guoguo?

对于随班就读以外的学生而言，提问时不要仅使用一般疑问句，这样会

缩小学生思维的空间，减少学生组织语言的概率，从而导致学生听课过于轻松、随便，甚至会走神。因此，教师要选用反义疑问句、选择疑问句、特殊疑问句等形式提问。

然而，这样的问题可以向随班就读的同学提问，他们可以通过回答这样的问题启发思维。

（三）调整提问内容，采用"留白化"提问

要注意分层提问。例如，在北京版小学英语二年级（上册）Unit 3 谈论"What's your number?"话题时，对于随班就读学生可进行"半结构化"提问，也就是只回答出关键词即可，如"My number is nineteen."或"Nineteen."有针对性的分层可以达到"学有余力者能吃饱，学有不足者能吃了"。对于"学有余力者"即随班就读学生以外的同学的提问，可以围绕同样的话题进行"留白化"提问。因为提问留白能给学生思考的空间，突出学生主体地位。

总之，随班就读学生在每一堂课的实际收获，关键在于思维是否被激活，是否始终处于最佳状态。思则得之，不思则不得。创造性思维是创新能力的核心，它指的是主动地、独立地发现新事物，提出新见解，解决新问题的思维。在英语教学中，教师要善于在随班就读学生的教学上运用"多思"的教学理念，创设相应的训练方法。这对培养他们的创造性思维有着至关重要的作用。

适异而教：随班就读特殊儿童的语文融合教育策略*

所谓融合教育，是特殊教育的一种教育理念，指通过不同程度的教育设计与调整，使特殊儿童顺利进入普通班进行无差异学习。2020年6月，教育部出台的《关于加强残疾儿童少年义务教育阶段随班就读工作的指导意见》，不但给特殊儿童家长送孩子进入普通学校学习的信心，更提出了细化方案，通过融合教育专家委员会的方式，实现对特殊儿童零拒绝、全覆盖。小学语文是融合教育的重要学科，当这些特殊儿童进入班级后，小学语文教师要在融合教育理念的指导下，根据特殊儿童的个体差异，采取与其差异相适应的教学策略，在小学语文教学中构建"适异而教"的融合教育文化。

一、准备认知前提，适应知识差异而教

在完成各个学习任务的成绩上的许多差异，是由学生在学习新任务开始时就具有的潜在知识、技能和以前成绩上的差异造成的。因此，学生已具有的必要知识掌握程度，对日后的学习有重大影响。对于随班就读同学，其基础知识、接受能力、学习兴趣都相对较差。如果让他们和普通孩子同时接受新知识，二者之间的差距会越来越大。面对这一知识准备差异情况，教师可以在课前帮助随班就读学生复习与本课相关的知识点，或安排适当的预习任务，帮助随班就读学生准备必要的认知前提。这样再学习新知识

---

* 作者：高红霞，北京教育科学研究院附属石景山实验学校教师。

就会相对容易，可以缩小他们与普通学生之间的差距。

例如，部编版小学语文第十二册第四单元以"理想和信念"为主题，其中《古诗三首》由《石灰吟》《竹石》《马说》三首诗歌组成，通过"托物言志"的手法，表现了诗人的人生志向。但"托物言志"的写作手法，学生理解起来有一定的难度，对随班就读学生更是一个挑战。鉴于此，在上这节课之前，我先给随班就读同学开展相应知识点的复习，以帮助他们突破难点。在四年级时，同学们学过元代诗人王冕创作的一首七言绝句《墨梅》。此诗的开头两句直接描写墨梅，最后两句盛赞墨梅的高风亮节，赞美墨梅不求人夸，只愿给人间留下清香的美德，实际上是借梅自喻，表达自己对人生的态度及不向世俗献媚的高尚情操。我以此诗为例，帮助学生回忆所学，让随班就读学生对"托物言志"的手法有初步的理解，为后续《古诗三首》的学习打下基础，做好必要的认知前提的准备，减少学习上的困难。

二、激发情感前提，适应兴趣差异而教

每个学生对学习的兴趣是不同的，特别是随班就读的特殊学生与普通学生对学习的兴趣更具有显著差异。普通学生在学习中更容易获得成功，找到学习的快乐，因此对学习比随班就读学生更感兴趣。学生参与学习过程积极性的高低，即学习兴趣称为学习的"情感前提特性"。在一系列的学习任务中，学生开始新的学习，一定带着以前的学习经历即"情感前提"而进行。如果曾经的经历是积极的、快乐的，那么他就一定会带着浓厚的兴趣，自信满满地开始新的学习。对随班就读的特殊儿童来说，他们在学习中遇到的挫折、遭受的打击会更多，因此，对学习的兴趣可能会相对较低。基于学习兴趣上的差异，教师在教学过程中要特别注意激发随班就读学生的"情感前提"，帮助他们激发对学习的兴趣，所以教学设计要由易到难，让随班就读儿童体验到成功的快乐，为进一步的学习奠定良好的"情感前提"，并持续保持对学习的兴趣。

例如，在设计《两小儿辩日》教学过程时，为了能激发随班就读学生的

学习兴趣,我特别将学习难度设计为四个层次。

层次一:根据注音,能把文章读正确。随班就读学生通过听老师范读,在学习伙伴的帮助下,从句到篇练习,还可以听同学朗读。这部分内容随班就读学生也是可以做到的,从中体验成功的喜悦,轻松开始第二层次的学习。

层次二:通过注释,了解故事的内容。这部分难度有所提升,随班就读学生通过课本学习、老师讲解、同学合作学习或小组讨论,也可以知道故事的内容,获得成功的满足感,开始第三层次的学习。

层次三:两小儿辩论的焦点是什么?是怎样有理有据地辩论的?随班就读学生通过听同学发言、讨论和老师的适时讲解,知道两小儿辩论的焦点。即使不明白他们是如何有理有据地辩论的,但是在小组学习过程中,他们也可以学到怎样倾听、怎样合作。

层次四:两小儿辩日,孔子不能决,汝能决否?优秀的同学还可以搜集资料,用科学知识解决问题。这样不但锻炼了学生搜集信息、整理信息的能力,还培养了学生运用知识独立解决问题的能力。而随班就读同学在听的过程中也开阔了眼界,增长了知识。

以上四个层次的学习任务设计由易到难,由课上所学到课下探索,层层递进,让每个随班就读学生经过努力都能顺利地完成学习任务,获取学习的成功体验,激发学习的兴趣,获得个性化的成长。

三、兼顾各个环节,适应能力差异而教

一般来说,随班就读学生的学习习惯及理解能力、记忆力、思维能力都不及正常儿童,遇到困难容易退缩,在学习能力上也表现出显著差异,这就需要教师在教学的过程中兼顾不同能力学生的学习需求。这种兼顾不是课下辅导,也不是临下课才实施,而是要始终贯穿于教学的各个环节,尤其是关键环节。教师在备课时,就要考虑随班就读学生的学习能力、学习习惯和学习特点,有针对性地设计教学环节。在课上,教师对随班就读学生的特殊兼顾,哪怕是一个眼神、一句话,对一个问题的回答或一个动作的演示,都能使他们注意力集中,帮助其理解知识,使他们不会掉队。

例如，《书戴嵩画牛》是六年级的一篇文言文，在这篇课文教学时，我出示了两组问题：一组问题比较简单，如文章的作者是谁？书中写了一件什么事？而另一组问题比较复杂，如戴嵩是一个大画家，技艺精湛，为什么放牛的孩子看到他的画会笑？学习完这篇课文你明白了什么道理？将两组问题有机地融合在一起，并根据能力差异兼顾随班就读学生。简单的问题请随班就读学生回答，他们经过自己的努力、同伴的帮助，可以回答出来。这个时候，同学们听，也是一个学习的过程。较难的问题，请理解力强的同学回答。在思考的过程中，他们的各项能力也得到了锻炼。随班就读学生通过倾听同学们的发言、谈论，也会学有所得。生动的画面比枯燥的文字更利于学生的理解，为了帮助随班就读学生明白牧童笑戴嵩的原因，我先播放了"两牛相斗"的视频，再与戴嵩的画进行比较，让学生明白画的问题所在。对于关键环节，我特别注意兼顾随班就读学生，适时放慢视频播放速度，甚至重复播放，以帮助他们突破理解难点，知道"实践出真知"的道理。

四、运用多种方法，适应感官差异而教

在学习感官的应用方面，随班就读学生与普通学生也有很大的差异。多数人主要通过听觉或视觉学习，而视觉学习又有以词语或图片、图表为侧重点的不同；有些是触觉学习者，要触摸物质、写、画及参与具体的实践；还有一些要通过身体动作来学习，是动觉学习者。因此，教师要根据随班就读学生在学习感官上的差异，合理安排教学目标、教学内容、上课时间、学习方式等，并在教学中灵活运用多种教学方法，特别是要重视直观教学方法，充分调动随班就读学生的听觉、视觉、触觉和其他感官，多感官联动，扬长避短，以满足不同感官学习类型学生的发展需求。

例如，在教学《植物妈妈有办法》一文时，其中一句话这样写道："蒲公英妈妈准备了降落伞。把它送给自己的娃娃。只要有风轻轻吹过，孩子们就乘着风纷纷出发。"对于普通学生来讲，这句话生动形象地描写了蒲公英的妈妈利用自身的特点播撒种子。但对于随班就读学生来说，他们或许从未认真观察过蒲公英，头脑中蒲公英的样子与降落伞难以联系在一起。为了突

破理解难点,我在教学中播放蒲公英播撒种子的视频,充分调动他们的视觉、听觉,并引导他们观察它的叶子、花朵和结出来的种子,使其对蒲公英有整体的认识。还找到蒲公英的种子,把它放在投影仪下,清晰地显示其结构:许多种子围绕在一起,成为一个空心的球。每个种子都有一个小柄,顶端长着许多细毛向四周伸展,就像降落伞。观察结束后,请随班就读学生上台来吹动蒲公英——每一个种子纷纷扬扬飘向空中,再徐徐落下。通过直观的实物观察,随班就读学生能了解蒲公英的结构,把它和降落伞之间建立起联系。在这段学习中,我采用了多种直观的教学方法,学生通过用耳朵听、用眼睛看、用手操作,充分调动了各种感官,收到了良好效果。

五、加强伙伴合作,适应同伴差异而教

随班就读学生与普通学生之间在学习能力上虽然存在差异,但他们年龄相仿,有更多的交流话题、相处时间。因此,教师要鼓励他们加强交流与合作,让普通学生成为随班就读学生的助学伙伴。互帮互助,共同学习,既可以培养学生的良好品质,还可以增强新时代合作意识和能力。合作与互助既可以是同伴之间的,又可以是小组之间的。在教学过程中,教师要专门教给助学伙伴与随班就读同学正确的沟通方法与态度,帮助助学伙伴掌握科学的助学方法。在教学中,教师要给他们创造配对学习的机会,如配对朗读、互查学习成果等。在小组交流时,教师要给予充足的时间、适当的题目、实时的启发和及时的鼓励,要让每个孩子都可以感受到自己是班集体中的一员,学会互帮互助、合作交流、共同进步。

例如,在教学《少年闰土》一文时,课文中描述少年闰土是生活在海边的孩子,见多识广。他的到来,给深宅大院里鲁迅的生活带来了冲击,没想到高高的围墙外,有那样五彩的生活,而鲁迅只能抬头看见头顶那一方天空。闰土所说的生活,尤其是捕鸟那段描写,同学们也很感兴趣。在学习这段时,我先出示学习提示:①默读课文;②画出描写人物动作的词语;③朗读段落,自己试着写一段文字,表示连续动作。首先请一位同学读一读阅读提示,然后同学们开始默读课文,了解段落内容。在标出动词环节,助学伙伴在自己

完成的情况下，帮助随班就读同学一起完成。接下来，两个人互相检查读书情况，助学伙伴帮助随班就读同学按照书中动作的先后顺序，再现捕鸟情节，帮助随班就读同学理清捕鸟的顺序。在助学伙伴的帮助下，随班就读学生通过自己亲自做一做，加深了对语言的理解，读懂了课文，感受到闰土多姿多彩的生活。在小练笔环节，随班就读同学有一定的难度，助学伙伴和随班就读同学两人一起商量，选好想写事件，挑选出适合的动词，然后由两位同学各自独立完成。之后，再进行比较，找出两个人之间的差距，助学伙伴帮助随班就读同学修改完善，共同进步。

随班就读是特殊儿童接受义务教育的重要途径。教师应以融合教育的基本理念为指导，合理关注随班就读学生的个体差异，并在教学中采取"适异而教"的有效策略，让特殊儿童最大限度地参与普通班级的课堂教学，尽可能地融入普通班级的学习集体，使其与普通学生一起学习、共同成长，构建和谐、互助、包容、友爱的融合教育新课堂。

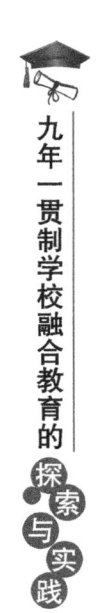

小学语文课堂教学中促进随读生发展的策略探析*

随读生即随班就读学生,他们一般是患有轻度弱智、弱视或肢体残疾等疾病的残障孩子。让他们进入普通教学班就读,目的是让他们在与普通学生交往、共同学习活动中,获得必要的康复与补偿训练,以便他们长大成人后能够更好地开发潜能、自立自强、融入社会。问题是,随读生在小学语文课堂中,教师该如何展开教学活动以促进随读生有效发展?

一、独学共学,相辅相成

在小学语文课堂中,随读生参与共同学习或独立学习,都离不开助学伙伴。助学伙伴不仅使随读生降低了学习上和行动上的困难,还能使其从与正常儿童的交往中,开阔眼界,增加接触及融入群体活动的机会,从而使其逐渐适应学习、适应生活。而对助学伙伴来说,能帮助他人,也是建立爱心、学会关心他人和自我促进的好机会。他们互相促进,各有所获。

如何发挥助学伙伴的作用呢?课堂上,教师可以给随读生安排一名助学伙伴和三至四名共同学习者。组长应当挑选成绩好又乐于助人、有包容心的学生。助学伙伴和共同学习者的座位,应安排在随读生的前后或左右桌,助学伙伴的学习能力及成绩,应处于不同水平。这样回答问题时能互为补充或分工合作,不会使随班生因与他们差距过大而融不进去。当然,在小组分配

---

* 作者:刘爱红,北京教育科学研究院附属石景山实验学校教师。

任务时，给随班生的任务要适中，并积极帮助他完成。如在学《卖火柴的小女孩》时，一组讨论题是这样的：①小女孩看到了哪些幻象？（随读生）②为什么会产生这些幻象？（中等生及以下）③从中你又体会到了什么？（中等生及以上）这样问题有梯度，每类学生除了解决相当程度的问题外，还可以向上跳一跳，挑战更难一点的问题。这样他们才有向上的动力。在讨论过程中，要互相讲解，互相帮助。回答问题时应以一个团队出现。老师的评价着重从小组活动方式、小组活动秩序、组员参与的广度和深度、组员学习效果等方面评价。这样能调动每个学生学习的积极性，提高他们的自信心。学习能力强的学生从自己会到教别人会，认知水平上也提高一个层次；随读生则因为为组内的分值做出自己的贡献，也会感到自己的价值，提高参与的积极性。

如我曾经教过的学生小丁，在刚进入一年级不久，我发现他有一定的言语障碍，学习明显缺乏信心。对已经见过了多次的生字他也不认识，不会读也不敢读。为了让他能跟上整体步伐，在同学们自读生字或课文时，我总是先单独地小声教他几遍。他虽然也跟着我读，但声音总是小得连旁边的人都听不见。我知道这个孩子面对老师时有压力，哪怕我再和颜悦色。但通过观察我却发现，当其他孩子来教他时，他的嗓门要高一点，一些在我这儿看似不会的字仔细辨认一下也会了。而教他的孩子也很有成就感，乐于充当这个小老师。我明白了：站在普通人的角度，我认为小丁的某些进步微乎其微，甚至看不到；我对他的期望值偏高，容易失去耐心，这种不耐烦在言语上就显露出来了。孩子是最会察言观色的，因此小丁会在我这儿表现得很紧张。而其他孩子由于和他朝夕相处，产生了感情，因而能接纳他，理解他的现状，当他有进步时马上能够看到，因而小丁更喜欢这种方式。随着助学伙伴与他的接触程度加深，他也越来越能融入班集体学习生活中，学习也有了明显进步。

二、分层教学，把握好"度"

制定教学目标时，要根据年段要求分出普通学生和随读生能掌握的不同梯度。

如低年段的识字教学，对一些与今后的学习生活紧密相关的词语，应通过多种方法尽量让随读生达到和普通孩子一样的要求；对一些确实难以理解，冷僻、抽象、笔画繁多的字词，则不作要求。中年段普通生要求能有感情地朗读课文，随读生则能正确朗读文中的重点句、段，读下来即可。高年段普通生注重分析和运用语言文字能力的培养，随读生注重记忆和理解能力的培养。如在学《少年闰土》时，学生对于文中"他们都和我一样，只看见院子里高墙上的四角的天空"一句话的理解有难度，老师要分梯度教学。教师可以让学生结合内容填空："他们不知道一些事，闰土在海边（看瓜）时，闰土在雪天（捕鸟）时，闰土在瓜地（刺猹）时……他们都和我一样，只看见院子里高墙上的四角的天空。"普通生除了填课文内容，还要学会由此生发开去，进行想象练习，并说出自己对这句话的理解、感受。而随读生则只要能按原文填空，并正确、较通顺地朗读、填写好句子即可。这样随读生在回忆式填空中回顾了课文内容，又从其他同学的回答中初步理解了文中表达的是"我"对自己所处环境的不满，对农村丰富多彩生活的向往。

把握好梯度注意分层教学，在学习说明文时也要体现出来。学生在小学阶段学好说明文有一定难度，普通学生要理解掌握的知识很多，如能指出文中的说明对象、对象特征（直接从文中找到的或自己概括出来）、所用的各种说明方法、能结合具体内容说出它的作用或好处、能体会说明文语言的准确性等。如《只有一个地球》的课后习题1：课文写了关于地球的哪几个方面的内容？学生在找出内容的同时，实际上也概括出了地球的一些特点。随读生则只要能找出说明对象（地球），对象特征之一（直接从文中找到），典型的一个说明方法（如列数字），并找出相关的例句即可。如果达到了，老师要像对待其他孩子一样给予表扬。随读生学了说明文将来也能学以致用：看日常生活中的说明（如看电饭锅使用说明等），能够学会生活。这样他会觉得学习的知识能用上，学习的劲头就更足了。

三、因材施"评"，兼顾差异

《义务教育语文课程标准》明确强调"课堂评价是教师对学生学习过程

的评价，目的是刺激学生的学习动机而不仅仅是对学生的一种测试，评价要有效地促进学生的发展"。对随读生，更要因材施"评"。他们需要有更多的激励，更多的掌声，更多成功的体验，这样才能重塑信心和尊严，增强学习兴趣。

如在学生朗读课文时，针对普通学生，老师可以这样评价："你读得真好听，如果能再加上一点表情就更好了。"针对随读生，可以这样说："你基本读正确了，如果声音能再响亮一点就更好了。"因为随读生普遍羞于在人面前表达，有了老师的肯定，就有了他们实现老师所提要求的信心。随读生在回答问题时往往对自己的见解缺乏信心，当别的孩子因忍不住而小声提醒他们时，他们往往就放弃了自己的想法，说出别人的答案。老师不要急于否定随读生，可以这样评价："我明白了，你觉得他说的很重要，你想再强调一遍，是吗？"然后再指出问题。或者当孩子的想法比较离谱时，老师可以这样说："你的思维很独特，能说说你是怎么想的吗？"这样老师弄清随读生想法的根源，就能更好地指导了。当随读生回答错了，我们可以评价他举手的姿势或声音或参与的积极性，再教给他正确的答案。这让孩子觉得即使回答错了，自己也是有可取之处的。这样通过各种评价语言来增强随读生的自信心，能让他没有心理负担地投入学习当中。

四、注意细节，无痕关爱

细节，体现的是课堂的真实，我们关注细节，实际上就是关注课堂，关注学生。例如，老师给了一定的时间让学生读书，当大部分学生都读完了的时候，还有个别孩子（常有随读生）没有读完。老师不要轻易打断，而是让他（她）连贯地把学习活动进行下去。这时可以让其他孩子思考老师之前提出的问题。低年级孩子都爱当小老师，可以将要认的字分成若干行，其中要特意安排一行相对简单一些的字，轮到随班生领读时，就让他"刚好"读这一行。这样既让他领会了当小老师的自豪感，又让他与其他孩子融为一体。

随读生往往注意力容易分散，或东张西望，或埋头抠着手指头玩。当老师指导书写，在黑板上示范写生字时，他们往往没法专注地看黑板。此时，

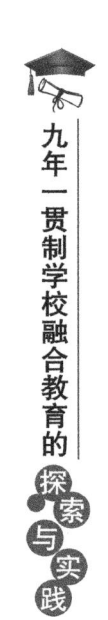

老师可以说："我喜欢看见你的脸,因为特精神,小丁,你能让我一下子就看到你的脸吗?"相信这个孩子马上会抬头往前看黑板的,因为孩子的心往往是善良的,他们乐于帮助老师实现这个小小的愿望。另外,在低年级指导学生书空写字时,老师往往会面向学生做手势示范,然后学生跟着做。对绝大多数孩子来说,这自然不成问题。但对随读生,他可能左右分得不太清楚,老师举的是右手,他伸同样一边的手(其实是左手),这样就做反了。有可能老师书空某个拼音的声调是第四声,孩子看到的却是第二声。老师如果背向学生做手势,就不会出现这种问题了。

课堂细节无处不在,老师平常要善于观察,善于积累,于无声处关爱孩子。

五、个别辅导,家校配合

课下是课堂的延伸,家庭生活是学校教育的延伸。老师不仅在课堂上对随读生要进行充分而无痕的关注,还需要课下单独辅导,以及和家长就课堂上出现的问题随时沟通。如课间及时询问孩子对课堂上讲授的知识还有没有疑惑;在孩子写字读书时可以再手把手扳正姿势等。当然,不管课下还是课上,千万不要把孩子置于众目睽睽之下,动静一定要小,不着痕迹地进行。随读生的家长,一般是不愿意被老师"请"到学校来的。他们对于自己的孩子往往比较自卑,倾向期望老师对孩子身体的照顾,不敢期望孩子的学业能有多大起色。老师要主动和他们沟通,可以多采取电话联系,告诉家长孩子课堂上的点滴进步,还可以在哪些方面做得更好一些等,燃烧起家长对孩子的希望。同时,对于家长力所能及的一些事情,如纠正孩子的坐姿、用眼、握笔等不良习惯,老师也可以请家长予以配合。这样家校及时沟通,加强检查督促,能让孩子的学习潜力得到开发、真正进步。

总之,课堂上老师首先要把随读生放进学生群体的教学中,然后再兼顾差异,把握好梯度,实施分层教学。只有真正让随读生成为课堂上听说读写活动的共同参与者、体验者、享受者,他们的语文学习能力才能得到真正的提高。

小学体育教学中随班就读学生培养策略的研究[*]

一、研究背景

党和国家都十分注重特殊人群的义务教育工作,出台了相关的规章制度,随班就读在此背景下应运而生,并不断得到建设与完善。作为学校教育重要组成部分的体育教学,因其学科的自身特点,存在许多有利于促进学生社会发展的教育因素。目前我校有随班就读学生 8 人,这些孩子或有轻度智障,或患有孤独症,或有身体残疾。随着石景山区随班学习工作的持续深入开展,人们对体育融合教学也有了进一步的认知和了解,并针对孩子们实际的体育教学状况,逐步地研究适合于随班就读学生体育教学教育对提高身体运动对策,以适应特殊需要学生的教学要求,并努力培养孩子的身体运动能力,以建立人人平等、和睦共促的学习环境。

鉴于上述问题,为了让随读生学得好,我校体育教研组在学校的市级课题"实施积极关注,促进随班就读学生问题改善的实践研究"的共同研究中,对随读生的培养策略进行了探索。经过课堂实践,积极探索对随读生的教学方法和措施,培育随读生的活动意识,使各个障碍阶段的随读生均享有平等活动和实践的机会,促进全体学生和谐、健康发展。

---

[*] 作者:宋海虹,北京教育科学研究院附属石景山实验学校教师。

二、体育学科中随班就读学生培养的策略

（一）制订计划，有的放矢

每学年接手新的班级时，我都会对授课班级的学生进行摸底调查。通过调查在全面了解学生的体质健康状况的同时，重点关注随班就读学生的具体情况，从而在体育教学的过程中能够有针对性地制订教学要求、计划，预防运动伤害。在做调查时注重私密性，保证随读学生本人和调查结果的保密性，避免在学生中因此而产生的歧视。

（二）因材施教，区别对待

随班就读学生因为运动障碍受限所以要根据随读种类和级别采用有针对的教学目标，设计体育教学过程的各个环节，以满足学校对特定学生的特别要求与特殊照顾，从而达到教学的补偿性、发展性和功能性的有效结合。教师挖掘随读学生的学习潜力，激发他们的学习兴趣，促进他们参与教学活动的主动性。在一些教学要求中，既要看到他们的特殊性，也要看到一般性。如在练习50米跑的时候，练习次数、起跑、加速跑、途中跑、终点跑等训练要求与普通学生一视同仁，但在技能层次、训练难度等方面可以降低要求，有时还可以为个别随读生调整教学内容，因材施教、区别对待，做到课程的整合性与分化性的统一。

（三）激发兴趣，全员同进步

兴趣是最好的老师。激发兴趣是构建学生主体、提高教学质量的关键。体育心理学指出，体育兴趣是学生力求积极认识和优先从事体育活动的心理倾向，是推动学生主动学习的内在动力，对运动参与有长期的定向作用和强化作用。因此，在教学中我们首先要注意激发和培养随读学生的兴趣。

针对随读生的特殊要求，我在课堂教学中，注重因材施教，通过直观教具、情境教学吸引孩子的注意力，激发其好奇心，培养兴趣，让随班就读学生有体验成功的机会，有所发展。此外，老师要针对这些孩子积极采取课前铺垫辅导，课中及时辅导，课后强化辅导；布置课后任务可以区分对待，不搞"一刀切"。小组学习，既调动了随读学生学习的积极性，又让普通孩子在帮助他人的过程中提升、巩固所学。

（四）伙伴接纳，促进发展

智障类型的随读生有学习的意识，但接受能力较差；有一定的运动能力，但协调性、灵敏性都比较差。其在体育课中可以跟随学习活动，但在学习技能、掌握动作的过程中反应比较迟缓，注意力集中时间短，遗忘较快，心理转换灵活性较弱。还有的在体育课中胆子较小，比较自卑，不自信，不愿与同学交往。多动和轻微孤独症的孩子甚至上课时想做什么就做什么。

儿童生活是促进其身心机能发育的基本要素，群体活动可使他们得到极大的快乐。普通孩子和随班就读孩子之间的人际关系，也是影响随班就读学生心智成长的一个要素。而随班就读学生和其他同学之间如何交往，对随班就读孩子的能力发展和信心恢复，有着很关键的影响。

在低年级教学中，初期采取跟随老师和与老师结伴的方式进行学习。首先，让随读学生跟在老师的身边，在老师的直接关注下进行学习，让他感受到被关注、得到及时的指导，激发参与学习的兴趣。随着时机的成熟，体育老师可采用班级同伴互助的形式加强教学管理，有时甚至也可让学生成为教师的小助手，以此来鼓励学生上完体育课，引导其他孩子用一种包容的态度对待随读学生，懂得尊重他们。其次，小组合作学习，也给随读生创造了更多的参与机会，体验到了成功的喜悦。在小组合作的氛围中，在集体的带动下，随读生不断体会到新鲜的感觉，新的兴趣和一种自主支配学习的激情。在集体的鼓励下，其增强了自信，从而调动了学习主动性，感受到小组给他们带来的愉快和信心。

（五）降低难度，增进自信

随班就读学生因为智力低、接受能力弱，学习成绩往往跟不上正常的教学进度，为此他们很容易产生自卑心理，失去学习的动力。实践中，我充分考虑到其智力的特殊性，尽可能地降低学习难度：其他学生立定跳远按照国

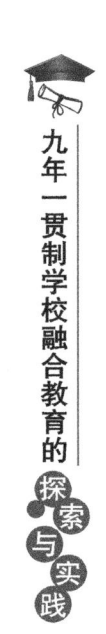

家体能测试标准要求进行，随读生只要超过自己就可以了。

当学生的兴趣逐渐提高之后，在课堂上老师要求如下：一要动耳能听，会倾听，听老师讲解，听他人意见；二要学会动眼能看，会观察，观察别人如何做动作；三要动口能说，会评价，大胆说出自己的想法，给他人简单的评价；四要动手能做，会练习，练习所学动作。由"四动"变"四会"，大大提高随读生的能力。

（六）创设良好的交流环境，创建和谐的师生关系

在教学实践中，我们实施尊重教育，尊重随读生的权利与尊严，建立和谐的师生关系，以境激情，以情育人，努力营造一种宽松、和谐、民主、融合良好的课堂氛围，让特殊孩子都有一定的归属感。随班就读学生的心理素质是脆弱的，就像温室中的花朵需要倍加呵护，所以对其学业上取得的一点点成绩，应及时肯定。在运动教育过程中，我针对随读学生的运动能力，适当降低了训练难度和练习要求，使他经过训练就可以顺利地完成任务，从而培养了他们对运动的浓厚兴趣和意识。

在体育课站队队列安排上，我们把随班就读生安排在老师最容易看到的位置，便于适时关注。当他们进步时，进行适度的表扬。这些做法，架起了师生感情的桥梁，使学生亲其师、信其道、乐其学。

三、随班就读学生培养策略的反思

通过体育教学实践、探索，随班就读学生对体育课的兴趣明显增强。他们能够作为学习的主体主动而活跃地参与课堂教学，和同学友好相处，态度积极，敢于展示。有效的小组合作学习，在小组成员间形成开放、包容的学习氛围，相互激励、相互促进，提高学习效率。在合作过程中开展互学、互练、互查、互评活动，使学生在横向信息交流中学会了倾听、思考、交流、参与，学会了学习、合作、尊重别人，最终培养了学生的合作意识、交往与自主学习能力。学生在生活化、人文化的游戏中，逐渐培养了适应社会、适应环境的能力、解决问题的能力。

通过教学中随班就读学生培养学习策略的研究，教师的教学行为得以转变，尤其促进了教师观念由"教学"型不断向"科研"型转变，教育教学和科研能力也得到了提高。

在今后的教育活动中，首先，教师要加强构建复合型的知识结构，创新教育理念，不断提升能力。其次，在实际教学中要构建学生主体作用，但也不要忽略了教师的主导作用。最后，我们还认为场地设施、器械、教具也应根据随班就读学生的特点而改革，使之适应教学需要。

第四篇 学科教学中融合教育的探索

融入、容纳、融合
——构建适合特殊学生的历史学科合作课堂*

小组合作学习（cooperative learning）兴起于20世纪70年代的美国。目前，合作学习已引起世界各国的广泛关注，并成为当代主流教学的理论与策略之一。新课标理念下的历史课堂中合作学习也成为一种重要的学习方式。利用小组合作学习，不仅有利于调动学生学习积极性，让历史课堂焕发活力，还有利于构建以学生为本的课堂教学模式。

融合教育在我国经历了一系列发展阶段后，提出要进行"适当的融合"，为特殊儿童提供高质量、个性以及平等的教育。[1] 融合教育是对特殊学生的充分尊重，它并非特殊化，而是提倡融入集体，集体容纳，最终实现真正的融合，由此可见融合教育倡导集体合作观。

不同于以往的过多照顾特殊学生的课堂，融合教育提倡的课堂学习是面向全体学生的。针对不同学生的特质为每个学生设定不同的学习目标，以合作学习、同学交流等形式，达到学习目标。融合教育的最终目的，是将特殊孩子包含在教育、物理环境及社会生活的主流内。真正的融合教育，是润物细无声的，让特殊学生在熟悉的课堂和学生群体中掌握他们可以掌握的知识并获得快乐。因此，历史课堂中融合教育的立足点是集体，解决的方法是合作。

---

* 作者：李晓娇，北京教育科学研究院附属石景山实验学校教师。

[1] 邓猛，赵泓. 新时代我国融合教育现状和发展趋势［J］. 残疾人研究. 2019（1）：12-18.

一、走入学生内心，开启合作学习大门

（一）关注特殊学生，发现问题

要发现问题，就要追本溯源，不能流于表象。特殊学生是义务教育中普遍存在的现象，但一定程度上，又是敏感而被回避的问题。特殊学生因先天残疾或后天智力问题，很难融入学校大家庭，但我们通常看到的往往是他们内向、自卑，不喜欢交往，学习能力差等表现，并没有真正地了解他们的心理特点、喜好等内在特征。我校九年级有一个叫小睿的孩子，由于先天的智力问题，他虽然上课乖乖地坐着听，但老师上课所讲的知识对他来说很难，他的练习本也都是空白的。这种状态下他的学习积极性必然不高，学习成绩十分不理想。在课堂小组合作学习中，他更是不知所措，有时别人开始讨论了，他还在自己的座位上不知道要干什么，有时就算围坐在小组内，也是睁着一双大眼睛茫然地看着其他人。发现他的异常后，我及时联系他的班主任，进一步了解这名特殊学生的具体情况及家庭状况。

（二）家校积极沟通，创合作可能

和谐的师生关系是师生互相关爱的结果。建立新型师生关系，教师必须真心付出，关心爱护每一个学生，对特殊学生更需要多鼓励、多关怀，相信他们的潜能。通过与其班主任和家长沟通，我了解到了小睿的具体情况。小睿虽然理解和沟通能力很弱，但是小时候很爱听妈妈讲历史故事，家中现在还留着《三国演义》《上下五千年》等书籍。深入了解小睿的情况后，我与小睿多次谈心交流，鼓励他参与历史课堂的小组合作，希望他在历史课上有所收获，同时承诺帮助他，相应地改变他的作业和课堂任务。我的想法和真诚打动了家长和小睿，得到了家长的支持，小睿也表示会努力参与课堂活动。

对特殊学生的关心和爱护，利于其发挥潜在能力，缩小其与普通学生的认知差异，增强合作学习的能力。

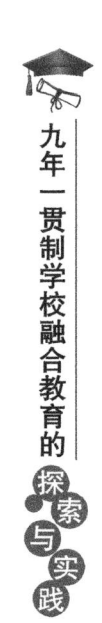

二、为其量身定制,开启合作学习之路

(一) 打造适合学习的特殊小组

合作学习过程中小组的构建十分重要,组织是否合理,分工是否明确,将直接影响小组的合作效率。特殊学生由于其能力限制,在一定程度上会被边缘化。特殊学生经常从事最简单的学习任务,如抄写,甚至有时合作小组会直接忽略特殊学生。究其原因,主要是小组组长并不能很好地根据特殊学生的能力进行适当的分工。

针对这一问题,我特别关注了特殊学生的小组,和组长、组员进行交流,同时推选出助学伙伴,帮助分析问题,给予适时引导;不仅叮嘱组员要对特殊学生包容接纳,还与组员共同制定适合特殊学生的任务。

这时结果的对错并不是最重要的,真正地参与其中,往往弥足珍贵。

(二) 设计利于合作的特殊任务单

多数特殊学生都渴望得到老师的关爱。但融合教育并不应以牺牲多数学生学习的路径去突出对特殊学生的照顾,而是在正常的课堂教学中,为特殊学生提供特殊的路径,使其更舒适地融入历史学习合作之中,并有所收获。在历史教学中,我们经常会利用史料研读、识读历史地图等学习方式,但晦涩的文字和复杂的地图图例对于特殊学生都是不好理解和掌握的。

考虑到特殊学生课堂融入的背景,我在历史教学中,为特殊学生设计了一份份特殊的学习任务单。如在《秦末农民起义》一课中,我为学生提供了诸多史料,探究秦朝暴政的表现。此时我就会在特殊学生的学习单上加以注释,方便其对文字的理解。这样的注释,不仅方便特殊学生对于史料内容的理解,同时对其他组员也有帮助。

又如,在《宋代的经济》一课中,我减少特教学生学习单中历史图例的数量,把原先的小麦、水稻、茶叶、丝织业等多种图例直接归纳为农业、手工业2组图例。这样不仅方便随读学生查找,理解其主要分布,还降低了学习难度,增加了学习效率。

在一减一加中，教师的关注点在特殊学生的身上，但又没有影响课堂正常教学，在无声中帮助了特殊学生。

三、尊重特殊学生，培养小组合作之情

集体的关爱对特殊学生的成长可起到推动的作用。特殊学生的心灵是脆弱的，引起他们心灵共鸣的，不仅仅是老师的关爱，还有集体的容纳。参与小组合作，构建生生交流的课堂，正是融入课堂、融进班级的契机。如上述的小睿，在老师和同学们的帮助下，原本内向的他变得开朗自信。

组内参与可以帮助特殊学生更好地融入集体，获得大家的包容及肯定，如鼓励特殊学生参与历史剧表演、历史模型制作等。在课堂中我因材施教，挖掘特殊学生的特点，鼓励他们参与组内活动不局限于动口，还可以动手。有一名多动症的学生，他动手能力很强，平时就喜欢手工制作，在我们组织的《君主专制强化》专题研究中，他不仅参与了拼插模型太和殿、天坛等，还参与了多种道具的制作。他和组内的成员配合默契，为其小组的贡献度甚至大于有的普通学生，得到了老师和同学们的共同肯定。

融合教育为所有学生的发展创建了良好、多元的学习环境。小组合作学习，一方面有利于特殊学生观察、模仿普通学生的语言、行为，为他们融入社会做准备；另一方面促进了普通学生对特殊学生的接纳，对于普通学生来说培养了仁爱之心和社会责任感。

四、结束语

以赏识的心态对待特殊学生，以平和的心境对待特殊学生，达到知与行的统一。教师在关注全体学生合作学习的同时，更要关注特殊学生，给予他们更多的关爱，让每位学生都能健康、快乐地发展。

让随读学生在数学学科学习中快乐成长*

随班就读是指特殊儿童在普通教育机构中和普通儿童一起接受教育的一种特有形式。如果残疾儿童不是在普通学校的普通班接受教育，就不能称为随班就读。我校积极配合教育改革，陆续接收了多名随班就读学生。其中有不少成功的案例。

一、在数学学科学习中给予随读生更多关爱

这些孩子需要更多的关注与关爱。他们属于弱势群体，由于数学学习能力较弱或者表达能力不强，很容易受到伙伴的孤立。比如李某某，自闭，身体不协调，不爱和同学交往，无法独立完成已经分层的 A 组数学作业。平时表现为在课堂上经常睡觉，生怕老师叫他。课间经常一人独处，对集体活动不够关心，对学习不感兴趣，做什么事都比别人慢好几拍。我想内因起着决定性作用，"亲其师，才能信其道"，为了重塑他的自信心，首先从改善与他人之间的关系入手，逐渐走进他的内心世界。平时，我有意多朝他微笑，帮他解决一些数学学习中的困难，经常在午休时间单独把他叫到办公室给他补习数学上的知识。同学们见我这么帮助他，与他的关系也有所改观。慢慢地，他感觉到我在关心着他，看我的眼神不再充满不信任。一次，他上学忘记带水瓶，课间无法喝水，刚好我了解到这个情况，立刻给他一个一次性水杯。尽管他接过水杯时不那么自然，但我知道他接受我的帮助，也

---

* 作者：杨桂梅，北京教育科学研究院附属石景山实验学校教师。

是向我敞开心扉的开始。于是我从以下几个方面来帮助他。

（一）知识补救

数学学习过程是学生把新的学习内容与原有的数学认知结构相互作用，产生新知的过程。随读生因自身缺陷，原有数学认知结构的可利用性、可辨别性和稳定性较差，达不到学习新知的基础要求。因此，在教学新知前，要通过课前辅导帮助随读生具备必要的认知前提。课前辅导由老师或家长或助学伙伴来完成。

（二）教学设计

在课堂教学中为兼顾随读生的需要，教师要精心设计教学环节。教案可以设计成两个部分，左边针对普通生设计，右边针对随读生设计，每一个环节都要考虑针对不同学生需要的教学措施，教学中进行有机的分解和整合。

（三）教学环境与条件

为便于随读生学习数学，给予他们合适的座位安排，一般是安排其和助学伙伴前后座或者同桌。

二、让随读生在数学学科学习中获得自信

让这些孩子重拾自信、健康成长的最佳途径，莫过于让他们学业进步。针对他们基础薄弱、理解和表达能力较差的特点，我在三个方面进行了尝试。

（一）让随读生在数学课堂中获得自信

有效的课堂教学，是保证随班就读质量的最重要的一环。关键是要处理好教学中整体与个别的关系，在教学程序上，从开始到结束，都给这些孩子以充分参与的机会。比如，有一节课讲相似三角形，讲台上放了很多不同形状的三角形纸片，我就请李某某上来帮忙找一找，哪些是形状相同但大小不同的三角形。他表现出了极大的兴趣，完美地完成了任务，欣喜

之余,也对相似三角形这个概念有了较深的体会。

数学学科特点及学生的年龄特征,决定了数学学习比其他学科的学习更需要感性材料的支持。随读生由于听觉、视觉等障碍,在感知活动中缺少声音或图象的刺激,对数学的认识不完整、不准确。因此,教师要特别重视直观教学,充分利用学生听、视、触觉和其他感官可感知数学材料,对随读生数学学习尤为重要。推进信息技术在数学教学过程中的应用是新课程改革的重要理念。对于随读生来说,信息技术不但能激发其学习兴趣,改变内容呈现方式和学习方式的单一性,而且在某种程度上能起到弥补缺陷、恢复功能、促进潜能开发的作用。

(二) 让随读生在数学课下辅导中获得自信

光靠课堂教学很难使他们追上大家的脚步。课下的单独辅导是必不可少的辅助手段。

1. 教师不离不弃,让随读生重拾自信

教师主要从基本知识与基本技能,学习习惯与学习方法,减轻随班就读学生心理压力这三个方面进行帮助。在辅导过程中,老师要做到有耐心、有信心、有恒心,不流露任何抱怨和失望,不说一些诸如"你真笨,你不行"之类的言语。随着年级的增高,数学学习难度增大,李某某学习的信心被无情地打击,兴趣降低。对于这种情况,教师应该做的就是让学生重拾信心。在讲授新课前,我帮助李某某复习,然后对他进行提问。经过半个小时的复习,李某某能重温原来的知识。我让他重新把知识要点再写一遍,以便再复习时用。在这样的情境下进行复习,效果比较好。

2. 伙伴无私陪伴,让随读生重拾自信

助学伙伴的课外辅导对随读生的帮助非常重要。教师要选拔班级中学习能力和工作责任心较强的同学,让他们做随读生的辅导小老师。一方面,由于助学伙伴与随读生的年龄相当,心理发展程度基本处于同一水平,比起教师而言更容易与随读生沟通。助学伙伴的任务主要是帮助随读生学习课本基础知识、基本技能,培养学习习惯及学习方法等。但另一方面,助学伙伴毕竟是学生,不可能像教师那样拥有娴熟的教学技艺和丰富的教学经验。因此,教师要提前教会助学伙伴一些基本的助学原则和助学方法，比如辅导中应循序渐进、因需施教，多鼓励、少批评，多启发、少替代，多询问、多反馈等，真正起到助学的作用。

3. 家校通力合作，让随读生重拾自信

多样的沟通方式为教师和家长提供了交流的机会，使家长了解自己孩子的教育环境，熟悉孩子的老师和同学，从而更好地配合老师开展教育工作。

（1）家校联系本。用于记录孩子们每天的数学作业。特别对李某某，老师对其每天在校情况进行评价，家长根据学生每天在学校完成数学学业的情况签名并及时评价。

（2）家长开放日。为了让家长了解孩子在学校的日常数学学习情况，让家长进课堂听课，与教师面对面交流思想。家长开放日活动消除了家长对学校的陌生感，进一步了解孩子在校学习数学的情况。

（3）素质报告册。教师每学期都要对学生的综合素质进行评价，向家长汇报学生在校学习、生活等综合情况。其中有教师的评语，还有家长的反馈意见，以及对该学生的教学设计、补救措施等，这是极其重要的家校交流途径。

成功的教育是爱的教育，爱能激发学生学习的热情，能给学生勇气和信心。一个人只有对自己充满自信，才会对取得成功充满渴望，才能去拼搏、去奋斗。让我们把自己的一片爱心奉献给学生吧，让随读学生在数学学科学习中快乐成长！

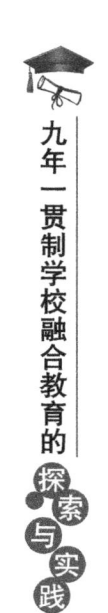

针对随班就读生的体育课堂教学策略[*]

近年来,党和国家一直非常关心和重视特殊人群的教育发展,制定了相应的法律法规加以保障,随班就读制度在此背景下应运而生,并不断取得发展和完善。然而受教育发展不平衡、教育资源配置不均衡的影响,在普通学校随班就读学生的体育教学也存在一些问题,有些学校出现了"随班就坐、随班混读"的现象。

一、随班就读学生的基本情况分析

随班就读学生在行为上表现为两个极端:一部分孩子的心理相当脆弱、性格孤僻,不与人交往,身体素质较差,体育教学中的一些项目及运动技能对他们来说有着较大的困难,因此他们表现出对体育锻炼没兴趣,对体育项目没有信心;另一部分随班就读生在体育课上表现为过于活跃,没有分寸、随心所欲,很少考虑他人的感受,对老师同学"过分热情",体育课堂上"如入无人之境",在操场上很随意。他们对自己的运动技能、成绩基本无意识,在体育课堂上注意力不集中,运动技能掌握能力、理解能力比较慢、反应慢。

---

[*] 作者:刘路生,北京教育科学研究院附属石景山实验学校教师。

二、随班就读学生体育教育的策略和方法

(一) 充分关注，了解身体基本现状

开学之初，首先班主任老师会告知这些学生的情况，提醒教师特别关注并提出具体要求。比如，严格要求教师为这些学生保守秘密，不在公共场合议论等；对这些学生多一些柔声细语，少一些呵斥，多一些赏识，少一些漠视……同时，体育教师要主动与随班就读学生班主任保持联系，及时告知孩子的各种情况和发展状况，及时沟通、调整教育方式。

(二) 和谐关系，建立体育助学同伴

良好的同伴关系是开展随班就读的前提。随班就读学生也有自尊，他们同样渴望得到他人的关注，获得别人的认可。对特殊学生而言，同伴关系具有非常重要的价值。在体育课堂教学中给他们安排体育助学同伴，同伴的接纳能够增进特殊学生与普通学生交往，满足特殊学生的需要，增强自尊心，促进情感发展。例如，他们在体育助学同伴帮助指导下，能够顺利完成一些体育锻炼，掌握一些基本的运动技能，体验到成功、快乐等积极情感，较快地融入体育课堂。良好的师生关系是开展随班就读的基础，体育老师的支持能够促进随读学生良好地融入体育课堂及体育锻炼中。对一些运动动作、技能要降低难度，耐心讲解，多进行示范，让他们多练习。当他们完成后，老师要带动学生一起为他喝彩和鼓励。让他们感受到大家爱他们、尊重他们，自己也是班集体中的一员，要遵守集体规则。感受到体育课堂带来的温暖，对他们的健康成长非常重要。

(三) 创设环境，促进身体素质发展

对于这些随班就读的大多数孩子来说，与人交流的频率低于普通的学生。多数时候他们是孤独的，没有朋友，自己一个人待着，不愿参加体育活动。要创设一个温馨和谐的运动环境，让他们感觉快乐、轻松，乐于与同伴一起运动锻炼。在体育活动或体育课堂上，教师要多鼓励、督促他们积极主动地

遵守体育课的纪律，做力所能及的运动，让他们建立自信心，体验运动带来的快乐，促进身体素质发展。例如，篮球比赛活动可优先安排他们参与，并适当降低要求。同时，学校应采取特别的安全措施。通过参与体育活动，让他们感受到老师、同学的尊重、喜爱。温馨和谐的班集体能够潜移默化地影响这些特殊的孩子从小以平等的心态、积极的态度对待老师、同学和周围的人，有尊严地生活；同时，也能提高他们对体育的认识及兴趣，进一步提高身体素质。

（四）增加趣味，游戏与教学相结合

在特殊教育教学中，游戏教学法是广泛采用的方法。教师可以通过游戏教学法增强课堂趣味性，激发他们的学习兴趣。如立定跳远教学过程中，教师在做讲解示范动作时，普通学生一板一眼地跟着做，而个别随班就读学生会出现一动不动的情况。这时，教师应立即调整教学策略，迅速在地板上画出几组荷叶，分组进行游戏"小青蛙找妈妈"，让学生模仿小青蛙跳远。游戏的教学方式，较好地提高了课堂气氛。

（五）因材施教，提高对体育的兴趣

因材施教是教学方式中重要的一种。首先，体育教师要将随读生的基本特点摸清楚。例如，谁的冲刺力比较强，谁的弹跳性较好，哪位同学的反应速度较快，哪位学生的平衡性较好等。对于短跑速度快的同学，教师可以令他在足球运动中充当先锋；对于平衡性、反应力好的同学，可以令他去打软排；而对于弹跳性较好的学生，让他在跳远比赛中充当重要成员。其次，教师要看到他们的长处，给予学生适当的肯定。有时教师的一句"你真棒""加油"都会激发学生的奋进心，激起他们的兴趣。

三、结论

在体育教学中，随班就读学生是一个弱势群体。作为体育教师，我们应该清楚地认识到，随班就读学生也有自尊，他们同样渴望得到他人的关注，

获得别人的认可。作为以身体练习为主的体育学科,体育教师要运用适当的教学方法,创造和谐的运动环境,让这些孩子能够最大限度地与健全学生一起学习、运动,加强彼此的交流,形成适应社会的基本能力,为今后参与社会生活、获得社会认同奠定良好的身心基础。

第四篇 学科教学中融合教育的探索

第五篇

班级管理中融合教育的探索

对于肢体残疾学生的融合教育策略研究*

残疾学生是学校教育中特殊的一类学生,所谓"特殊"就是这类学生与普通学生存在着明显区别,因此教育教学活动也应该进行相应的调整。

一、对融合教育的理解

(一)基本概念

"融合"就是几种不同的事物合成一体,它有别于"特殊"和"普通",但是与"特殊"和"普通"又密不可分,只有将"特殊"与"普通"合成一体才能称为"融合"。因此,"融合教育"是让特殊学生(残疾学生)融入普通班级中,在普通班级与其他学生一起学习、成长。

(二)国家政策

从20世纪90年代开始,北京市先后出台《关于进一步加强九年义务教育阶段残疾儿童少年随班就读工作的意见》《关于在全市各区县开展建立随班就读工作支持保障体系工作的通知》等系列文件。从教育部联合七部门印发的《特殊教育提升计划》中可以看到,自2014年以来,残疾儿童义务教育阶段的入学率呈上升趋势,落实"一人一案",优先采用普通学校随班就读的方式,就近安排适龄残疾儿童少年接受义务教育,同时发挥特殊教育学校在实施残疾儿童少年义务教育中的骨干作用。可见,国家对于残疾儿童的

---

* 作者:高雅,北京教育科学研究院附属石景山实验学校教师。

教育愈发重视，并且提倡残疾儿童进入普通学校学习。

（三）融合教育的意义

融合教育除了可促进教育公平，还有以下意义。

1. 利于残疾学生融入正常的生活环境

学生是生活在社会中的，残疾学生也不例外。教育是培养人的活动，要让残疾学生未来在社会中更好地生活，让其身心健康地成长，在条件允许的情况下，到普通班级中接受教育就是其融入社会的第一步。

在普通班级中虽然他们有特殊的地方，不能完全参与教学活动，可是在同学的帮助下，他们可以最大限度地体验常规的活动和课程。课余时间，他们也可以跟同学玩耍，每一次敞开心扉的交流都是他们内心充满阳光的体现。如果没有这样的经历，交流只限于家人和与自己同样的特殊人群，他们走入社会后难以更好地与他人交流。

2. 最大限度挖掘潜能

虽然身体存在残疾，但他们都存在自己的闪光点。普通学校的课程是按照国家规定开设的，涉及德智体美劳"五育"，并且有为随读学生量身定做的、有专门老师负责的融合教育课程。也就是说，融合教育不仅体现在普通课堂中，还有专门的课程。这样丰富的课程开设，利于挖掘残疾学生的潜能。如果我们一味地认定残疾学生就是能力薄弱的，没有让他们体验普通学校的教育，他们的潜能就很可能被埋没。

二、残疾学生情况概述

以下内容以我教过的一名肢体残疾学生为例。

（一）学生自身情况

该生是一名肢体残疾学生，由于脊柱病理性原因，双下肢无法活动，且转身、回头等动作受限，智商正常，学习成绩良好，喜欢画画。其入学时间比同班同学晚两年（年长两岁），故身体发育情况与心理状况较为成熟，与同班同学存在较为明显差异。

或由于自幼肢体残疾，或因与与同学的年龄差距，他平时不愿意与人交流，包括自己需要帮助的时候，因而起初常被同学忽略。不仅是与同学，该生也不愿意与较为生疏的老师接触。或许由于自卑心理，该生虽然喜欢画画，当被问及愿不愿意参加学校美术社团时，该生回答"愿意，但是我去不了"。

（二）学生家庭情况

该生父母关系和谐，有一名年幼的妹妹（身体状况良好），爷爷奶奶与其共同居住，父母的工作时间较为灵活。

父母不愿与老师过多提及孩子的情况，但是能配合学校的工作；较为重视孩子的身体状况，较少过问作业情况。爷爷奶奶很关注孩子的学习情况。

三、融合教育的策略

（一）沟通交流融合

1. 教师层面

经过实践，我认为，跟残疾学生的沟通需要一定的技巧。

（1）蹲下来。该生是一名肢体残疾的孩子，无法站立并且脊柱变形，所以他永远无法平视站立的老师，甚至老师微微俯下身时对于他来说都需要仰视。这样的状态不免给学生带来压力，使其内心紧张，紧张的后果就是交流受阻。因此，要蹲下来说话，让学生放松下来，这样才利于下一步的交流。

（2）小点声。当我蹲下来与残疾学生交流时，发现他还是有畏惧心理。后来我想，他既然胆怯，不如采取说悄悄话的方式，这样会让他觉得私密感更强，放心交流。例如，全班同学都上交了作业，而他没有完成，他难免觉得自己是特殊的，会不好意思说。这时，老师的声音小一点，只让他自己听到老师说话，心里就会更踏实。

（3）用问句。有时，把祈使句换为疑问句，可能效果更好。例如，在上交作业的时候，老师会说"把练习册交给我"，而忽略了学生可能没有按时

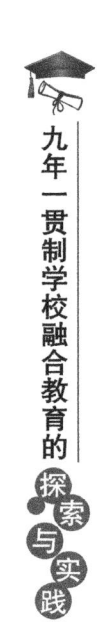

完成这个问题。如将这句话变成"练习册要交给老师看看吗?"就给了学生更多的余地。

（4）一起说。家人是残疾学生最熟悉的人，与家长的沟通也是教师必不可少的环节。有些事情与学生、家长一起说更好，例如对学生的夸赞、个别要求等。

2. 同学层面

上文提到这位残疾学生不愿意跟同学交流，哪怕是自己需要帮助的时候。这也使我很困惑，因为同学是与他在校相处时间最长的，并且年龄相仿，是最能帮助他的群体。我曾经安排班中成绩优异的同学坐在他身边，让他们成为残疾学生的助学伙伴，可是收效甚微。后来又安排了不同性格的学生坐在他身旁，希望能有性格相投的同学，但也没有好的效果。一次无意中，我发现班中有两名同学喜欢看他画画，课间总是围在他桌旁，就将那两名同学安排在了他旁边，并告诉他们要关注他，有问题可找老师。

通过安排兴趣相投的学生作为助学伙伴，他有了跟同学交流的共同话题。

（二）学习活动融合

残疾学生有他们的特殊性。以我教授的肢体残疾学生为例，某些教学环节如果不进行优化就不能满足残疾学生的课堂参与度。我曾经在某些课的教学环节中，安排学生将自己的问题或感受写在便签纸上，然后贴到黑板上，再从黑板上摘取自己能够解答的问题。可是肢体残疾的学生就无法完成这种活动，因为如果别人无法帮助他移动位置，他就很难看到大家写在便签纸上的内容。后来，我将这样的活动改为"传送带"的方式，即每个小组分配一张大纸，小组集思广益后将感受或问题写在大纸上，然后组间互相交换大纸。这样每人都可以看到每组写的内容，进行问题解答。安排小组的时候，我将助学伙伴与残疾学生安排在同一小组，保障了残疾学生的参与。

（三）教学目标融合

上文中提到的肢体残疾的学生，虽然智商正常，接纳能力和学习能力与普通学生基本无异，但是受身体状况的限制，长时间的坐姿会使该生感到不适，因而完成全部作业存在困难。经过与其父母沟通，建议该生按自己的能力完成部分作业，原则上是在身体能够接受的程度内。教师设计教学目标时，其课堂目标与普通学生相同，尽可能提高课堂效率。教师还将一些书面作业转化成口头的交流……

　　融合教育的方式还需要进一步探索。教师要不断地调整和学习，让残疾的学生最大化享受教育带给他们的乐趣、进步。

第五篇　班级管理中融合教育的探索

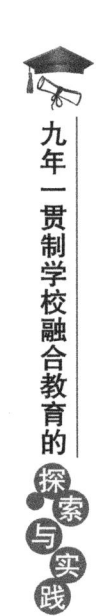

在班级管理中用心对待"特殊"的孩子*

一、研究背景

"随读学生"是因天生的原因或者后天的疾病、伤害等而导致身体或者心理有异于普通学生的一类残障学生,他们被称为"特殊"学生,其实更需要别人的关注和关爱。随班就读工作作为融合教育的重要组成部分,也是全面落实义务教育、深化教育改革的重要任务之一。我的教学常规工作中也包括此项工作。开学初认真制订计划,在整个学期里定期分析研究,认真抓好落实,让随读生和正常儿童共同生活,共同学习,享受同样受教育的权利,尽可能为他们提供进行个体教育的条件和环境,进一步补偿其身心缺陷,促进德、智、体全面发展。

二、案例基本情况

我在接手这个新班级的时候就对于班里的"四大金刚"早有耳闻,其中A同学为班级中的随班就读学生。

A同学的原生家庭包含四位家庭成员,爸爸、妈妈、姐姐和A。在A同学5年级11岁的时候,他的父亲已经50多岁,母亲是一位幼儿园的教师,而姐姐已经大学毕业并且已经工作,所以A被家长视为珍宝。A同学经过医院诊断,确诊为抽动症,并且也有过服药经历。但是当他服用了抑制神经的

---

* 作者:李岩,北京教育科学研究院附属石景山实验学校教师。

药物后，就不爱吃不爱喝，眼神呆滞，发育也迟缓起来。出于对 A 的保护，家长在与医生沟通之后将药品停了下来，并且尝试融入班级进行相应的学习。但是 A 最让人头痛的就是他除了抽动症外还有其他问题：情绪不受控制，易怒——当他不开心的时候他就会大声喊叫，不受控制地做各种动作；当他特别高兴的时候也会有类似情况发生。例如，有一次让他回答问题，他回答得非常好，我引导同学们给他相应的鼓励，结果 A 同学特别兴奋地"嗷"了一声，把全班同学吓了一跳。

三、辅导教育"特殊"孩子的策略

（一）用智慧解决问题

智慧型教师指那些具有较高教育智慧的教师。所谓教育智慧是良好教育的一种内在品质，表现为教育的一种自由、和谐、开放和创造的状态，表现为真正意义上尊重生命、关注个性、崇尚智慧、追求人生幸福的教育境界。教育智慧在教育教学实践中主要表现为教师对于教育教学工作的规律性把握、创造性驾驭和深刻洞悉、敏锐反应及灵活机智应对的综合能力。智慧型教师的最大特点就是强调个性在教育实践中的作用。

A 同学是我第一个接触的有抽动症的随班就读学生，对于这类学生我一无所知。在刚开始接触的时候，我对于 A 同学也了解得太少，如何和他交流、沟通成为至关重要的事情。

在一次语文听写的改错中，A 同学就是不改错，我就开始跟他讲道理，但是他劲头上来了，什么都不听，而且大嚷大叫。我也有些不耐烦了，也嚷了他两句。但是这在他身上根本看不到效果，我有些懊恼。于是我静下心来思考了一下，到底有什么办法能让他主动完成今天的学习任务呢？A 同学作为一个 9 岁的小男孩，会不会对游戏感兴趣呢？基于此想法，我与 A 同学交流了一下："这样吧，今天的改错，应该是每个词写 3 遍，咱们两个猜拳来决定谁写。我赢了，你就把词语写 3 遍；如果我输了，你写 3 遍，老师写 6 遍，怎么样？"A 同学的兴致马上被激发出来了，跟我一起猜起拳来，并且很高兴地完成了改错任务。

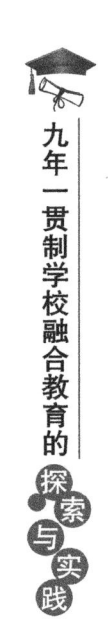

这件事情启发了我："有问题一定要静下心来思考,运用教师的智慧来解决这些特殊孩子的问题。"

(二) 搭配助学伙伴

助学伙伴可在课堂教学的不同阶段对随读儿童提供不同形式的帮助,比如朗读正音、写字默词、启发思考、检测反馈、批改纠错以及提醒监督等。这些经常性的帮助对培养随读学生良好的学习习惯和提高他们的成绩都是有效的。

在开学初,我就为A同学配备了一名助学小伙伴,但是在实际的学习生活过程中,发现这个助学小伙伴并不适合他,一个女生B同学很能影响A同学:这个女生学习不差,而且对于A同学没有歧视并且很有耐心,A同学也很重视她。在向A同学了解的过程中,他说了这样一句话:"给我一万个(奖品),我也不换她(B同学)。"所以在第一任的助学伙伴帮助A同学学习一个月后,我将他的助学伙伴改成了B同学,并且将A的座位调整到了B后面。经过一段时间的观察后,发现A同学确实有了很大的改变,正所谓"一物降一物"。

后来,在进行校本课程的选择时,我主动与A同学交流,将A同学与B同学都分到了一个班中。A同学在小伙伴的帮助下,进行校本课程手鼓的学习,学习得很愉快,而且他能够很好地融入这个班级中。

(三) 发挥"学生特长",促进全面发展

教育孩子热爱劳动是培养全面发展人才的需要,也是提高全民族整体素质的重要内容。在校老师要求学生热爱劳动,更希望他们能够真正投入劳动中去,要求他们在家做个爱劳动的好孩子,在学校做个爱劳动的好学生。

随读学生由于存在各方面的问题,家长总担心孩子干不好,或是曾经想让孩子学做家务,几次下来看孩子干得又脏又乱,自己还要重新再干一遍,还不如自己干得痛快、省事。还有的家长心疼孩子,怕孩子吃苦受累,不让孩子做这做那。这些都会影响孩子劳动的能力和热情。

为了让这些孩子更好地参与劳动,家长要积极配合学校的教育,经常教

育孩子要热爱劳动，家长要以身作则，用自己的实际行动为孩子树立榜样。父母的一言一行都会对孩子产生潜移默化的影响。如父母在家一起动手做家务，把家里打扫得干干净净，将家具摆放得整齐有序，创造一个舒适的家庭环境，让孩子在耳濡目染中受教育。要经常向孩子讲一些热爱劳动的故事、寓言童话，介绍劳动模范人物的事迹，使孩子产生爱劳动的愿望。要经常分配孩子做些力所能及的家务劳动，如择菜、洗菜、做简单的饭菜等。在劳动中加强指导，多鼓励，培养其自理能力、生存能力，养成常劳动、爱劳动的好习惯。

要做人，先做事。通过劳动让学生在劳动中体会父母每日的辛苦，珍惜父母的劳动成果，对父母报以感恩之情，学会体谅、关心父母及家人。

A同学就是这样一个孩子，他的情绪不太受控制，有时候在课堂上就大嚷大叫，影响其他同学的学习。所以，有些同学对他是有些意见的。但是，我抓住了A同学热爱劳动的优点，在A同学要求擦地或者替别人劳动的时候，我都会答应。这样既发扬了A同学的热爱劳动的优点，又让A同学与其他同学间的关系更加亲近。

管理随班就读学生的工作是比较艰苦的，但是只要老师有耐心、有信心，相信随班就读学生也能够创造出属于自己的一片天空。总之，不能操之过急，我们最需要的是"静待花开"。

融合教育下小学中年级班级管理新策略*

小学中年级的班级管理重点，集中在对学生行为习惯方面的常规教育上，但该年龄段学生自我行为调控能力和情绪调控能力较弱，安全意识不强，课间容易出现意外，加上需要特殊照顾的随班就读学生，教师缺少足够的精力处理课间小事故。在"双减"政策的背景下，教师的着眼点和教学重点也会从课本内容的传授上转移到对人的培育上来。因此，每一位教师都必须在思想上和行为上做出相应的调整，才能结合立德树人的根本任务，培育符合社会发展要求的人才。

一、融合教育下小学中年级班级管理中存在的问题

（一）缺乏良好的接纳环境

影响融合教育能否达到良好的教学效果最重要的因素之一就是教育环境。良好的教育环境能够接纳随班就读学生，使他们真正融入普通学校和班级，和普通学生一起开展学校生活和学习。部分教师缺乏接纳随班就读学生的理念，以及科学合理的教学措施，无法给随班就读学生良好的班级支持和学习环境，达不到实际意义上的接纳。部分家长认为，随班就读学生入校后，自己的教育压力就变小了，对于孩子的心理状态和学习情况没有给予足够的重视、关注及辅导。以上因素都容易导致随班就读学生出现一定程度的心理问题。

---

* 作者：常伟，北京教育科学研究院附属石景山实验学校教师。

（二）随班就读生自身能力不足

随班就读学生是否能够融入普通学校，是否能与普通学生一起生活和学习，是否能够接受普通小学教学的难度和强度，是和随班就读学生的康复情况息息相关——如果不及时矫正，容易存在跟不上教师的教学进度、参与课堂的兴趣不高、参与度低等情况。长期处于这样的学习状态下，他们学习的积极性就会受影响，还会产生厌学等心理，最终对学习缺乏自信，影响学习效率及心理健康。

（三）融合教育缺乏资源

普通学校的部分教师缺乏特教专业技能，导致部分随班就读学生在课堂上并没有真正地融入课堂教学，只是沉浸在自己的世界中，觉得学习并不重要。在这样的环境下，他们找不到学习的乐趣和成就感，逐渐丧失对学习的信心。除了师资力量薄弱，融合课堂的构建也不够完善。较严重的孤独症学生通过与教师、同学的沟通来学习较为困难，学习吃力，最终导致学习效果不理想。

二、融合教育下小学中年级班级管理新策略

（一）心育先行，构建包容开放的新环境

首先，改善关系、悦纳包容。育人先育德，育德先育心。教师可以在每周一的主题班会课上开展致谢形式的正面教育管理班会，设计"认识我的新朋友"等班会主题，增进普通学生和随班就读学生间的认同感、悦纳感与互助意识。此外，教师要教会学生使用同伴能听懂的善意提示语来提醒同伴改善个人行为。例如，"请你漱漱口！"——针对同伴出现说话不文明的行为。这样的提示语充满了温情，可引导他们自我内化，进而改变自己的不良行为，最终让德育在潜移默化中感染学生，提升学生的身心素质。

其次，调整座位、多些关注。教师调整座位也有讲究，对于随班就读学生，可以安排他坐到前面，让授课老师可以更多地关注他：课前关注他心情

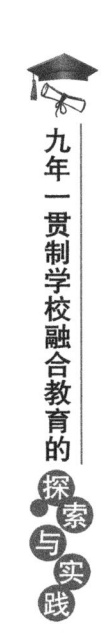

是否愉悦；课上关注他是否有小动作或走神的情况；讨论时也可以多给他一些建议；写字读书时关注他是否姿势正确。对于孤独症的学生，可以安排一些热情活泼、友爱互助的学生做他的同桌或坐在他周围。

最后，助学伙伴愉悦身心。教师还可以安排不同学习能力的同学组成学习互助小组，小组内设置小老师，在课间帮扶指导组员的活动和学习。针对多动症学生和孤独症学生，可让同学邀请他们参加一些有趣的游戏。在游戏过程中，其他同学要包容随班就读学生，使他们获得参与游戏的机会，帮助他们建立归属感、安全感。

（二）全员育人，深度普及融合教育新观念

首先，更新观念，以学生为本。在新的教育要求下，教师有必要树立新型师生观，即尊重班里的每一位学生的主体地位，充分考虑融合教育学生，充分发挥学生的主观能动性。班级要进行自主管理、精细化管理，让学生知责任、明责任，使班级由他律转向自律，增强学生的主人翁意识。

其次，全员育人，多元合力。班主任要协同德育主任、资源教师、家长等，形成合力，建立学生的成长档案袋，研究学情，既要研究这个年级学生的共性问题，又要研究随班就读学生的个性问题，争取让每一位学生存在的问题都在融合教育中得到较好的解决。教师要系统梳理每阶段学生辅导要点和典型问题的教育对策。

最后，研究学情，持续跟进。班主任平时要积极开展多种途径的家校沟通，反馈随班就读学生的学习情况、生活状况。当他们的行为问题干扰了班级正常的教学秩序时，相关教师需要和家长面谈，在全面了解孩子的成长背景后，商讨并确定合适的教育策略，给家长提出相关建议。班主任建立随班就读学生成长档案袋，持续跟进并改善教育过程。

（三）家校合作，有效整合教育资源新模式

首先，融合教育资源整合。融合教育最重要的一个环节就是整合普教、特教和康复资源，将所有的资源进行有效利用，使随班就读学生能够更加顺利地参与学习和活动。在我们学校只要是有随班就读学生的班级，在开学初，

教学主任就会让班主任和所有任课教师为随班就读学生制订个性化教育计划，并协同资源教师制定好到资源教室做辅助治疗的时间和学科单独辅导的时间。学期还会定期开家长会。有了这些教育资源的整合，教师和家长更有信心去培育随班就读学生，他们本身也变得更接近普通学生了。

其次，搭建平台共建共享。通过线上线下相关平台加强普教和特教的资源共享，进行相互培训——让特教教师给普教教师传授一些特教知识和技能，普教教师给特教教师提供融合教育个例，合理利用教育资源，实现互帮互助，提升教师的教育水平。

最后，协同育人健康成长。加强家校合作是有力保障。学校和家长应该保持统一的教育理念，正确看待随班就读学生的发展情况，全面关注学生的身心健康。教师与随班就读生的家长沟通，班主任也要注意方法和分寸：先表扬孩子的优点，再指出问题所在；提供选用的教育途径，而不是直接指出哪个地方做得不对。教师和家长要共同为随班就读学生营造一个包容、开放的学习氛围和家庭氛围，从而进一步提升小学中年级班级管理水平。

综上所述，在"双减"背景下，融合教育下的小学中年级班级管理新策略，可以从深度普及融合教育新观念、构建包容开放的新环境、有效整合教育资源、加强家校合作的新模式等方面着手，有效提升小学中年级管理水平，从真正意义上落实、贯彻融合教育，为随读生之后的学习和发展打下坚实的基础，让学校和课堂成为随读生学习、成长的乐园。

用爱点亮夜空中特殊的"星"
——融合教育教学工作案例分析*

教育需要爱,也要培养爱。记得有人说过,一个好教师的一生,所倾注的不仅是无悔的青春,还有对学生的博大深邃的爱。参加工作以来,我不断地告诫自己,要学会怀着一颗爱心,用心灵去耕耘心灵,让每一个学生都得到应有的爱。

在我所管理的班级中存在着这样的一个群体——随读学生。与普通学生相比,他们或因智力因素或因心理问题不易融入班级圈,容易产生自卑心理,甚至出现一些突发性的举动。其实,每个孩子都是独一无二的"小星星",我们不应忽视任何一个孩子。对随读学生的关注也必须成为日常教育教学工作中不可或缺的一部分。以"爱"为出发点,点亮夜空中那些特殊的"星"。

一、转变教育观念,因材施教,从"爱"出发

随班就读学生在正常班级中学习和生活,这对其个人而言有很大的益处,但对于其他学生、任课教师乃至整个班级来说可能会形成一些负担,有时会干扰正常的教学秩序,影响班级成绩。这往往使教师在接到随班就读学生时首先产生顾虑和畏惧心理。

要做好随班就读的班级管理工作,首先要转变的是教师的教育观念。在强调全面发展、素质教育的今天,"人人都有受教育的权利",每一个孩子都

---

* 作者:武艳,北京教育科学研究院附属石景山实验学校教师。

有自己的需求。作为教师,首先要明确自己的教育观念和教育态度。不能因为他们特殊而产生嫌弃心理,应该多在学习和生活上关心他们,主动亲近他们,以教师的"爱"为出发点,用适合他们的方式进行教育。用爱的付出换来学生的信任与进步,作为教师,是愿意看到这样的幸福的。

组建班级后不久,英语老师向我诉说了一个情况——班级里的小 A 连 26 个字母都不认识,完全跟不上班级的教学进度。小 A 是个外地借读的学生,有轻度智力问题。由于条件所限,家长只能保证他的日常的生活,至于学习方面,则完全帮不上忙。了解情况后,我在英语课上观察,小 A 在课上能够认真地记录老师的板书,但并不明白所记录的内容有什么含义;到小组交流的时候,也无法融入集体讨论的氛围中,只悄悄躲在别人身后听着,一言不发。针对这种情况,我和英语老师商量,制作出带有小动物造型的卡片,每天利用午休的时间,带着小 A 学习字母。虽然她一天只能记住两三个字母,且遗忘速度较快,但坚持了一段时间之后,渐渐地也让我们看到了效果。半学期下来,小 A 已经能够背下来 26 个字母,书写也非常工整。在周班会总结中,我把小 A 半学期的努力写成了一封长信,读给全班学生听,同学们自发地站起来为她鼓掌。这情形让小 A 激动地流下了眼泪。

在这个事情中,我和英语老师都在用心地帮助小 A,寻找适合她的方式来帮助她学习,孩子的进步让我们欢喜。然而最让我出乎意料的是,在同学们为她鼓掌的时候,她一边哭着一边拿出了一颗"心"——用各色糖纸拼折出的一颗心!小 A 把她送给了我和英语老师。这些糖纸,来自平时背字母时我和英语老师奖励给小 A 的糖果——她都保留了下来。她如此用心,也让我们为之动容。

"高看一步,厚爱一层",这不仅能够帮助学生消除自卑心理,使他们逐渐树立自信,同时对教师自己而言,也是能力上的莫大提升。

二、创新教学模式,促进随读学生的有效学习

有随班就读学生的班级不同于普通班,在教学方面,既要提高全班学生的课堂效率,也要让随班就读学生作为学习主体真正参与课堂学习,在整个

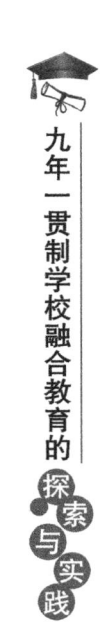

教学活动中要对他们多关心和鼓励,给他们创造合适的发言与展示成果的机会。为此,我在备课时针对学习内容和学生层次差异,制定不同的学习目标,教学时做到兼顾,让随读生有较高的学习热情,并感受成功的喜悦。

在讲授魏巍的《我的老师》这一课前,我与随读学生小D在小学时的老师进行了联系,收集了他在小学时学习和生活的一些故事,编辑成文,名曰《我的学生》。在这些故事里,小D不再是一个胆小怕事的"隐形人",而是默默地帮同学们做值日、悄悄给上课哑了嗓子的老师几颗胖大海的孩子。在授课过程中,我用这篇文章与课文作对比阅读,随着内容的深入,小D的视线渐渐专注起来,与他同小学的一些学生也开始交头接耳起来。文章阅读结束后,我引导学生分析文章结构、详略安排,并品读人物情感,还专门请小D来猜测主人公做事时的想法。由于都是亲身经历,小D在回答时语言表述比以前流畅了很多,胆子也大了起来。当我最后揭晓主人公的身份时,所有学生都自发地为小D鼓起掌来。小D的脸上洋溢着微笑,自信心增强了。之后,他与同学们的交流也渐渐多了起来。

三、抓住教育契机,对随读学生进行情感教育

在情感教育的过程中,要尽量抓住任何一个小细节来帮助学生。课堂教学是进行情感教育的良好阵地,但作为班主任,与学生在课下的接触比任课教师要更多。因此,在这个时间段,可以直接进行个体的情感教育。有些孩子不擅长在大众面前表现自己,这种个体情感教育也能够最大限度地让孩子放松心情,和老师进行沟通。在我的班中,我会经常利用日志本和作业本与不同情况的学生进行情感沟通。特别是对班级中的随读生,用这种方式可鼓励和引导其形成积极向上的心态和行动力。

在接班之初,我会把每个学生的生日记下来,在生日当天以各种形式向孩子们表达祝福。12月的一天,是小B的生日,这是个胆小缺乏自信、身有残疾的随读学生。在批改完他的作业之后,我在他的本上写道:"小伙子,每个人都有自己的翅膀。张开它,你就能勇敢地飞翔在广阔的天空中!今天,是你的生日,老师要在这个特殊的日子祝福你!希望你能张开翅膀,在学习

和生活中展翅高飞!"过了两天,我发现小B在这行字的下方写了一行不起眼的小字:"老师,我想飞,但我是残疾人,我能飞起来吗?""一定能!"我在他的本上坚定地写下回答,并写上"老师期待着看你起飞的时刻"。从此,在课堂上我隐约地感到了他表现的欲望,当每次回答问题结束时,我总是回以赞许的眼神和肯定的语言。这使他内心激动,脸上洋溢出一丝自信的笑容。

在日常教育教学中,我会经常写下这样的批注,有时是鼓励的语言,有时是警醒之语,力求根据学生不同的特点给出不同的语言。虽然任务量有所增加,但是和孩子们在本上进行最直接的交流,也是一种幸福。而这种幸福也是相互的,在教师节这一天,当我翻开学生的作业本准备批改作业时,惊讶地发现每一本作业里都夹着精美的小卡片,满是祝福的话语,特别是小B的卡片上写着:"老师,我在努力向前,一定能够飞起来,老师我爱您!"这份浓浓的师生情,犹如孩子心灵的催化剂,使其努力前行,也让我体会到了职业的幸福感。

四、关注学生个体特点,开发随读学生潜能

随读学生因其程度和类型不同,表现出来的特殊需要也不同。有些表现会让教师在管理过程中陷入被动。教师要"主动出击",根据其特点进行差异对待,使其潜力得到充分地开发。

学生小C是一个患有多动症的孩子,喜欢在班里搞小动作,如悄悄拍同学一下然后转身就跑,经常会把课间的班级弄得"鸡飞狗跳"。这个喜欢跑动的孩子曾让我头痛不已,但简单的呵斥和阻止并不是解决之道。经过思考,我与体育老师商量,对他进行课间辅导,制订训练表格,在课间完成一些小的训练项目。在后来的运动会上,我与他一起研究了报名事项,精心挑选出适合他的比赛项目,鼓励他为班集体的荣誉而战,而他也不负众望,在运动会上出色地取得了100米和跳远两个项目的第一名。听到广播里宣读着自己的名字和名次,小C高兴地来了一个"飞跳",仍旧是一副好动的模样。我想,这一次,他看到了自己的进步与价值,享受到了为集体荣誉而努力所收获的快乐,这些都会在以后的学习生活中助他前行。

　　大文学家韩愈曾言:"师者,所以传道受业解惑也。"时代变迁,所谓"师者",更增加了新的含义,那就是"爱"。每个孩子都存在着自我价值,只要教师具有足够的爱心、耐心和责任心,探求教师工作方法的艺术,注重情感教育,就一定能够让他们更健康、快乐、幸福地成长。

在突发事件中引导"调皮"孩子健康成长的案例分析[*]

在"双减"背景下,初三学生在校时间比以往要长一些,学生相处的时间过长、机会较多,有些自律能力差的随读生就会管不住自己的言行而影响他人。这就给班主任工作带来了新的"任务"、新的"挑战":课后辅导服务时,如何处理好随读生与其他学生的交往问题,如何解决好学生之间的矛盾,对促进班集体的稳定、创设良好的学习氛围起着至关重要的作用。在此,我想讲一个关于随读生乐乐的一个小案例。

一、案例背景

九(1)班乐乐,患有中度孤独症,上课时随意说话、离开座位,总拿其他同学的东西,在别人的书本上乱写乱画;跑步时不排在班级队伍里,想在哪儿跑就在哪儿跑,还围着老师、同学转悠,说一些不好听的话;在教室里,经常将手放在自己的裤子里,或将自己的一些物品放进裤子里……他就像一个不受任何约束、自由自在"调皮"的孩子。面对这样一个孩子,班里所有人都能宽容他,而且平日还能善意地帮助他。

---

[*] 作者:张颖,北京教育科学研究院附属石景山实验学校教师。

二、案例过程

有一天上午小刚突然拿着本子、一个小挂件,跑到办公室对我说:"张老师,昨天课后辅导时乐乐总往我本上乱写乱画,还把别的同学送给我的新年礼物给弄坏了,这个小挂件的绳子与小动物都分开了。他在本上乱写乱画,我可以宽容他。可是,他把别人送给我的礼物弄坏了,我心里很难过!"听了孩子的一番话,我理解孩子就是很珍视这个礼物,珍惜同学情谊。当时,我语重心长地对孩子说:"你先别生气,别着急。乐乐控制不住自己的行为,也无法独立处理矛盾,我和乐乐妈妈联系一下,看看他妈妈如何帮忙解决此事吧。"我边说边把这两个东西拍了照片,然后让小刚先回去上课。

随后我就通过微信把照片发给乐乐妈妈,并语音留言说明了事情的原委,看看家长如何解决此事。乐乐妈妈很快就回复说:孩子总是在别人本上乱写乱画,要不就赔个本吧;至于弄坏的礼物,我们再给孩子买个一样的还上,等孩子回家再教育孩子。

课后我又找来小刚,我把乐乐妈妈的回复向小刚说明后,小刚说:不用赔本了,礼物最好能修复一下。而后,我又将小刚的想法告知乐乐妈妈。

最终,乐乐妈妈让孩子将新本、修复后的礼物带到学校。我把两位当事人找来,帮助协调。乐乐主动向小刚道歉,小刚很看重同学情谊,说:"以后你别再这样了啊!本来不想要你赔,但是你总是这样,我们就帮助你记住不能再毁坏别人的东西。"乐乐听后,点点头,还对我说:"张老师,我以后不在别人的本上乱写乱画了,不再毁坏别人的东西,我要做个好孩子。"看到孩子知错的表情,听到孩子质朴的话语,我高兴地说:"你是一个多么懂事的孩子啊!以后不要再'调皮'了啊!"

我耐心地对两个孩子说:"以后你们之间有矛盾纠纷再及时告诉我,我会竭尽所能地帮助你们解决。"我还把解决的情况告知乐乐妈妈,同时表示非常感谢家长的大力支持。

自此以后,再没有因乐乐毁坏他人物品而引起同学之间的矛盾纠纷,但乐乐乱写乱画的现象还偶有发生,而所有人都能宽容他。因为大家都了解他的情况，把他看成是一个"调皮"的孩子。

三、案例分析

（一）原因分析

乐乐因为患有中度孤独症，常常沉浸在自己的世界里，无法控制自己的言行举止，所以经常干扰正常的课堂秩序。而患有这种孤独症的孩子，最显著的一个表现就是不能与他人进行正常的沟通，需要老师、家长的干预、引导。在待人接物方面，要帮助孩子创设友善和谐的氛围，教乐乐与他人沟通的方式方法，使其与他人进行有效沟通，从而使其健康地成长。

（二）策略方法

1. 怀有真诚浓厚的教育情怀

没有爱就没有教育。这个案例的成功，源于我对孩子们浓浓的爱意。是真诚的教育使他步入了"正轨"，经过他的努力，才杜绝了毁坏别人物品的不良行为。教师怀有真诚浓厚的教育情怀是做好教育工作的前提，只有在真诚的沃土里，才能绽放出含笑而立的花朵。

2. 采取恰到好处的解决突发事件的方法

了解事情的原委，采取当面解决、个别交流的方法。这种方法赢得了学生的信任，维护了学生的自尊心，使学生产生了心理认同。教育学生的适当方法是解决学生矛盾纠纷的一把金钥匙。只有采取恰到好处的教育方法，才能及时妥当地处理好突发事件。

3. 具备处理突发事件的综合能力

在我的班主任工作中，处理"突发事件"的情况也很常见。无论是以前，还是在今日"双减"背景下的课后辅导时段，教师都要善于观察学生，发现问题，取得学生的信任，及时沟通解决，尽快尽早、公平公正地处理。可见，教师的观察能力、沟通能力、解决问题的综合教育能力起到了决定性作用。

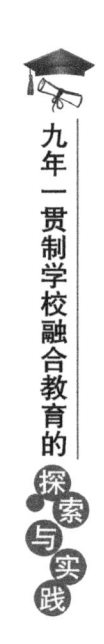

4. 家校密切协作形成教育合力

教育关系到千家万户的切身利益，也关系到一个民族和国家的前途命运。培养德智体美劳全面发展的社会主义建设者和接班人，是一项需要由家庭、学校、政府、社会等共同参与的系统工程。只有家庭、学校、政府和社会各方面形成合力，分工合作、密切配合、各尽其责，在不同层面寻找不同的教育侧重点，采用不同的教育方法，才能营造学生成长成才的健康环境，更好地实现我们立德树人这一根本任务。

四、案例反思

通过这个小案例，我进行了深刻反思，总结出以下三点。

第一，尊重每一位学生的人格。平时我尊重每一位学生的人格，并有意培养学生要彼此尊重、互相帮助、互相学习、互相监督，要有"同伴"管理意识，公平竞争，发现自己无法解决的问题及时告知老师。

第二，家校之间密切配合，全社会形成教育合力。首要强调家庭的教育责任，并形成家校一体化的育人机制。家庭在引导和帮助青少年树立远大理想信念和正确的价值取向上，有着不可替代的独特作用。

当学生主动告诉我情况时，尽量在学校解决学生的矛盾纠纷。如果有一方不能独立做主解决时，我就及时与其家长联系沟通，商量最佳的解决办法。我要尽快尽早处理好事情，并及时给家长回复，与家长密切配合，形成有力的教育合力。

第三，讲究教育沟通方式。要处理好随读生与其他同学的矛盾纠纷，不能"看不起"随读生。协调关系时，还要讲究说话的方式、方法，有时要含蓄委婉些，有时要说明孩子的实际情况，协调得当，切实做好融合教育。

总之，初中三年，我一直关注乐乐个人的健康成长，适时适度地引导班级里的其他学生尊重乐乐，宽容待他，一起竭尽所能地帮助他争取更大的进步。

读懂你的"语言"
——前庭觉障碍儿童融合教育的案例*

对于特殊儿童的教育永远不会成为过时的话题。相反,有效地实施融合教育可以使特殊儿童逐步地被所在的群体强化,启迪他们稚嫩的心灵,让自我空间融入社会,培建健康的人格,使每个孩子在康复干预的过程中习得社会的规律与法则,习得与别人交往和自立、自理的能力,健康地成长。新班主任在解决特殊儿童问题方面经验有限,需要从最基本的读懂孩子的"语言"开始。

一、融合教育的背景

融合教育在当今社会教育发展的潮流中已经成了一项必不可少的教育手段。它是指让身心障碍儿童回归正常课堂,和普通儿童在同一间教室进行学习的方式。它强调的是为特殊儿童提供正常化的教育环境,而非排挤隔离。陶行知先生说:"教育就是教人变,教人变好就是好教育,教人变坏就是坏教育,活教育教人变活,死教育教人变死。"❶ 融合教育就是要将这"好"与"活"发挥到极致的教育。这就需要教师在普通班中提供针对特殊儿童的特殊教育和相关服务措施,使特殊教育及普通教育合并为一个系统。

幼升小开学前,一位家长跟我说了一段话:"老师您好,我们家孩子比

---

* 作者:朱亚飞,北京教育科学研究院附属石景山实验学校教师。

❶ 顾苏婷. 别具慧眼看教育——教师要做"七十二变"的孙悟空 [J]. 语文天地:小教版, 2016 (7): 2.

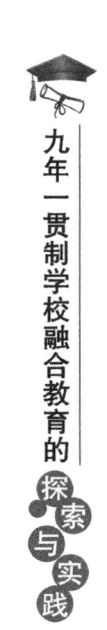

较特殊,到学校如果有什么不好的表现麻烦您多开导他。如果需要陪读请您联系我。"开始我还不以为然,以为是再普通不过的一句家长担心孩子的话,但是通过后来的接触才慢慢发现了这个孩子的异常之处。

从家长口中得知,孩子从两岁确诊为前庭发育不良,其表现主要有以下三个方面:一是身体平衡能力不好,主要表现为走路跌跌撞撞,经常会摔跟头;二是孩子的本体感觉能力不足,如做运动的时候,身体的控制力不好,导致孩子要么动作过大,要么动作做不到位,这常常使孩子失去耐心、发脾气和专注力不持久。这种类型的患儿有的还会伴有语言发育迟缓,出现说话晚的情况。这个孩子的语言障碍表现在会说一些漫无边际的话,或者有不停重复一句话的刻板行为。

作为新教师又是首次当班主任的我,听到家长的介绍有些不知所措。如果我的学生只有他自己,我完全可以慢慢摸索,在实践中学习如何与特殊孩子交流。但是我需要面对的是一个正常的自然班级,有三十几个幼升小的懵懂的儿童,还有这三十几个孩子背后家长的殷切期望。如何让孩子们做好幼小衔接,如何让家长放心地将孩子交给我,这对工作经验匮乏的我来说本就是重重挑战了,当下还要面对这个特殊儿童,更是难上加难。当然,我没有那么多时间感慨、忧虑,我需要做的就是马上对我的工作有一个定位,那就是平衡——学生的融合教育既要平衡普通生与特殊生的关系,也要平衡家长间的关系。我要尽可能多地学习融合教育的相关知识与经验,学习带班与管理技巧,让自己迅速成长起来,平衡各种关系。这才是我目前阶段最应该做的。

二、正确认识前庭觉障碍儿童

这个前庭觉障碍儿童问题主要表现在情绪和行为障碍。情绪和行为是分不开的,儿童情绪和行为障碍是指情绪情感活动产生变态与失常现象,在行为表现上与一般同龄儿童所拥有的行为有明显的偏离。从教育的角度可以将儿童情绪和行为障碍分为人际关系问题、行为规范问题、抑郁情绪问题、焦虑情绪问题和偏畸习癖几类。美国学者克拉里森按照严重程度将其分为轻度、中度和重度。面对班级中的这名特殊孩子，为了加深了解，我学习了常见情绪行为障碍的测查方法中最有效常用的观察法和调查法，有计划地观察了这个孩子一个多学期，发现他存在人际关系、行为规范和偏畸习癖问题。也可以说，和其他普通孩子相比，他如同生活在另一个世界，属于很难正常进行学习与处理日常事务的重度障碍儿童。

造成情绪和行为障碍的因素有很多，包括生物因素中的遗传、脑损伤、孕期卫生等；气质类型和心理因素中的认知、情感、个性等；家庭因素中的父母关系等；学校因素中的教师教育行为等。为此我也针对班级的这个特殊儿童进行了家访，初步了解到造成孩子出现这个问题主要是因为母亲妊娠期某些行为造成孩子的脑部损伤，导致孩子在两岁确诊患有前庭觉障碍。这对于一个家庭来说无疑是一个沉重的打击，这对父母来说需要承受太多不易，对这个孩子来说又何尝不是艰难的一生。作为孩子的启蒙老师之一，也应该尽可能地帮助他。

三、教育经过

开学初期，孩子的表现还不错，可能是对新环境和新朋友比较陌生，还处于自我保护的状态，但是后来随着对周围环境的不断熟悉，变得有些肆无忌惮。针对孩子在不同阶段表现出来的行为，我采取了不同的融合教育手段。

（一）新鲜感阶段

我能感觉出来这孩子确实是跟其他孩子不太一样，对于他的一些不恰当行为，我也会像教育其他孩子一样，找他谈心。但是每次他都会答非所问，甚至有时会不断地重复自己的话。原来我对于他的刻板语言很不走心，有时还会觉得有点烦，觉得孩子是故意逃避问题。后来经过家访，我得知孩子的具体情况后也看出了孩子面临的问题。我终于明白，为什么这个孩子对于我教育他的话理解不了。于是，我开始换另外一种方式与他交流。

逐渐地，我开始学着倾听他的语言。无论孩子出现什么问题，我都尝试用孩子可以接受的方式解决。比如，当孩子在楼道里摔倒时，如果是普通学

生，老师可能会先查看伤势，若无大碍就可能会找孩子谈谈，不要在楼道里跑闹。但是对于他，我一边查看伤势一边说："你是不是想跑一跑，跳一跳？但是你碰到墙壁摔倒了，是不是会疼？你想不想既能跑跳又不摔疼呢？"这时候他很好奇，会停止自己的刻板语言，听我说一个两全其美的办法。对于这样的特殊儿童，一味地以言语束缚起不到很好的效果，所以允许孩子课间到操场上跑一跑发泄一下，也是一个不错的办法。

开学初期的这个阶段，无论是课堂教学还是做练习题，学生依赖老师多一些，需要老师带着做，慢慢培养孩子思考的习惯。对于特殊儿童也不例外，他对做题写字也充满了好奇，所以还是可以跟上的；对于难度比较大的题目，就可以跳过不做，认真做好基础题就可以了。

（二）交友阶段

他的上课问题得到一定解决后，发现他容易和其他学生起冲突。通过和他交流，听他说的最多的词是"朋友"。他经常会说"我们是好朋友对吗？""我们俩要好好交朋友，不能打架"等这样的话。所以我发现他是想和大家交朋友的，他对陌生的小朋友充满了好奇，无论是与哪个年级的孩子他都想握手交朋友。这就导致不愿意和他交朋友的孩子感觉被打扰、被冒犯，从而说一些不礼貌的话或者做出一些反感的表情及动作。此时他就可能做一些危险动作如强制握手，而且他还会到处去招惹其他小朋友，这是比较危险的。于是，我根据这名特殊孩子的身心特点采用多方制约的方式。

"多方"包括老师和家长，还有学生和校领导。

老师当中由正副班主任对孩子进行帮助。我作为班主任对孩子进行日常观察和教育。经过这段时间的观察我发现，有时候对于他说的奇奇怪怪的话，我要第一时间进行回应，否则他就会不断重复。对于他的肢体语言我也慢慢发现，有些事他自己表达不清楚就会体现在肢体动作上，当他摇头晃脑地玩时，说明他是开心的；当他眼神直勾勾地并用拳头敲打自己的头部时，说明他是愤怒的；当他一直用物体遮挡自己的眼睛，躲避视线交流的时候，那是明白自己犯错了，感到羞愧。我理解他的动作语言后，渐渐地开始用他喜欢的动作来约束他。例如，当他想表达对外界的不满时可以做一个喜欢的动作，像是拍照的姿势一样,定住五秒钟。副班主任选择了一个特定的时间,带孩子进行简单的感统训练。经过一段时间的观察训练,他得出结论,孩子的智商没有问题,进行针对性的训练和教育后,孩子会慢慢地好转。孩子的父母也给孩子报了一些干预课程,假期带孩子进行特定的训练,平时放学回到家也会不断地教导孩子,并且随时了解孩子在校的情况。

在学生帮扶方面,我发现这个孩子觉得班里的学生干部是比较权威的,于是我找这个孩子谈心的时候从他爱交朋友的特点出发,问他在班级里喜欢和谁交朋友,谁说话他比较愿意听。他告诉了我几个名字,分别是班长、卫生委员、劳动委员及他的组长。于是,我们开了个"帮扶会",让他们平时多帮帮他,多监督他,而且一定要用温和的语气和亲切的话语慢慢跟他说。方案开始后效果还不错,"帮扶小组"也特别热心。每次他想和其他孩子交朋友时,"帮扶小组"都会关注他的行为动态,跟我汇报他的情况。每次看到这个孩子在同学们的帮助下越变越好时,我都会表扬他们。虽然他不可能一下子变得和正常孩子一样懂事听话,但是看到他的进步,我都会选择正强化的方式奖励和鼓励他。

(三) 厌学阶段

孩子的厌学行为,表现在来学校从不整理书包,要么一直背着要么将其扔到地上;上课就像看电影,情节里发生什么都与他无关。无论我怎么提醒他,他都沉浸在自己的世界里,或者自言自语或者对同学捣乱。因为知道这个孩子课间跑出去之后容易和同学起冲突,自己又说不清楚,所以我有空的时候就会把他留在身边,给他张彩纸折一折、画一画,和他聊聊天。聊天过程中,孩子问我最多的问题是:"老师,我们还有一节课就放学了,对吗?""老师,妈妈今天会早接我,对吗?"面对孩子一次次的提问,我意识到孩子已经出现厌学的问题了,而且他还经常性地把大小便排到裤子里。为了避免这些现象我也开始观察总结,发现这个孩子有便意不会向老师和同学反映,但会出现一些动作,比如皱眉、手捂住裆部、拉窗帘看窗外等。当孩子出现这些表情时我就马上叫他去卫生间。

为了缓解孩子的症状,我揣摩他的心理,为他创造一些宽松和谐的学习

环境，尝试给他调换座位。我不想让这个特殊的孩子在后边游离，就把他调到前排，既方便管理，又能让其他孩子看到他的进步。每次他有进步的时候其他孩子都会由衷地感叹，并自发地为其鼓掌。除此之外，每次开帮扶会我都会避开"特殊"二字，为孩子们树立善良友爱、乐于助人的集体班风，让孩子们在善意中成长。

（四）协调阶段

基于以上问题，全班同学包括我在内，都对这个孩子的各种行为有了全方位的认识，并能够进行针对性的解决。他也对班级日常事务、时间安排、同学之间的相处、与老师的沟通等逐渐有了自己的认识，也逐渐学会了与人沟通。课堂上，他虽不能自主学习，但是能够保证不打扰别人学习。每当课间休息的时候，我作为班主任会第一时间出现在他身边，根据他发出的各种"语言"信号，解决对他来说比较难处理的事。比如，我见到他会第一时间询问是否需要上卫生间，如果需要我会让他在规定时间内回班，并且会跟他聊聊天或者给他安排一些简单的任务，让他有事可做。慢慢地，同学们也愿意亲近他、帮助他。就这样，这位前庭觉发育障碍孩子的发展进入了协调阶段。

四、教育效果

苏霍姆林斯基曾经说过："儿童就其天性来讲，是富有探索精神的探索者，是世界的发现者。"[1] 那么特殊儿童就仿佛在探索发现另外的次元世界。对于前庭觉障碍的孩子而言，他们对外界充满了友善，他用自己的方式探索着世界，在别人眼中有时却是充满恶意与不正常的。目前，班级中的这名障碍儿童走过了不同的阶段，每个阶段都取得了一些进步，同时又出现了不同的问题。有时他会不可控地伤害到自己和其他小朋友，有时候还会陷入刻板行为的循环中，有时候会突然拿着书本安安静静地看书、画画，有时候又像

---

[1] 卢新祁. 为"儿童"的科学课 [J]. 江苏教育：小学教学，2016（5）：1.

小野马一样不受约束。这期间我们整个帮扶团队一直在沟通、想办法，好在他的这些"信号"我越来越理解。我相信在老师、家长、学生的配合下，一定能用科学的办法帮孩子矫正情绪和行为方面的障碍。

五、教育反思

爱是无声的语言，也是最有效的催化剂。经过这段时间与孩子们的接触，我发现人与人之间的情感真的很奇妙。初为人师的我看到孩子们之间那种纯粹的友情，对特殊的同学也会耐心地帮助。这也让我想到了很多，我虽是新教师但是在这关键的一年中我认识到了教育的力量，我的教育观念也有了巨大的改变。面对特殊儿童，我会更有耐心地听他们说话，认真看他们的面部表情，不忽略他们的肢体语言。对我来说，读懂这些信号是攻克融合教育问题的关键。正确认识这个特殊的群体，给他们更多的关爱，共同走进他们封闭的心灵，帮助他们将来更易于在社会中生存，在属于我们共同的蓝天白云下快乐成长。

第六篇

融合教育中的个别化教育案例

小学视障儿童自我效能感培养的案例研究*

我们每个人都在找寻自我的价值，在找寻自我价值的同时，每个人会获得不同的归属感与价值感。视障儿童作为一个特殊群体，往往会因为自身生理缺陷而容易产生自卑感。他们的自我效能感低，需要教育者不断地培养，直至他们真正悦纳自己，不再将因残障带来的缺陷当作困扰。

一、个案情况分析

新学期，我接手了一个新班级，有一名左眼视力为 0 的残疾学生小 A。前班主任向我介绍小 A 的情况时，我从内心深处感受到小 A 的可怜与无辜：出生时，由于早产缺氧，小 A 接受了呼吸机支持治疗。氧气的过度使用，造成他视网膜几近脱落。经手术治疗，仅仅保住了右眼视力，左眼还是永久性地失明了。除了视力不良，小 A 还有心脏病，接受了四次大手术。视力的残缺，使小 A 常常被人冷落、歧视、瞧不起，这些负面影响导致小 A 缺乏应有的自尊心、自信心，经常无精打采、缺乏朝气；行为上表现出畏缩与压抑等。因此，我很少看到他与同学交往，经常是独来独往。我想，在他幼小的心灵上一定蒙着一层阴影，才在他的脸上很难看到童真的微笑。虽然身有残疾，但他的家庭作业总是能够高质量地完成。可是，一到写课堂作业，小 A 的表现就很不理想，各科成绩常年不合格。学习成绩不佳，导致小 A 自我效能感很低。

美国心理学家马斯洛于 1943 年提出的需要层次论认为，人类的需要可以

---

* 作者：霍文慧，北京教育科学研究院附属石景山实验学校教师。

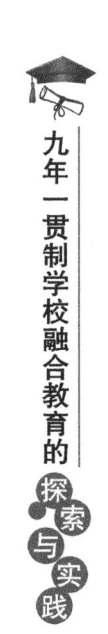

分为从低到高五个等级，它们分别是生理需要、安全需要、爱和归属需要、尊重需要和自我实现需要，后四种需要都在一定程度上影响着视障学生小A的学习兴趣和勇气的培养。一个有视力障碍的孩子，是缺乏安全感的。可小A有一个要强的妈妈，他的妈妈尽自己最大的努力使小A追赶上其他同龄人，所以他的家庭作业总能很好地完成。但就是这样一个自卑的、胆怯的小A，离开了妈妈这个"拐棍"，便明显地弱于其他孩子。如何在一个小A妈妈视线所不及的环境中健康地成长起来，提高自我效能感？我想，作为他的班主任，是有责任为孩子的成长来努力的。

二、针对个案的教育教学训练目标

针对小A存在自信心缺乏、自我效能感低的特点，我特制定了以下训练目标：一是树立自信心，提高自我效能感；二是培养良好的性格，使小A乐观、积极、勇敢地对待学习、生活上的困难。

三、针对个案的具体措施及实施过程

（一）放下教师的"架子"

教师的作用在于帮助学生充分地发挥其潜能。我的方法是以朋友的身份走近小A，让他从心理上接受我。课间，我经常坐在小A的旁边。这时，周围就会聚集许多学生，我们一起聊天，例如对某一部动画片发表自己的观点。每个人都会畅所欲言，其中也包括小A。虽然他比较腼腆，不善表达，但我用一种期待的目光注视着他，而此时的同学们，也会耐心地倾听小A的发言。因为在他的言语中，也会不经意地流露出智慧。有时我的一句赞美的点评会使他兴奋半天——觉得自己是有思想的。慢慢地，小A的自信心建立起来了，现在，他甚至会和同学辩论一番了。

（二）抓住"小练笔"契机，与小A沟通

"我们就是爱玩。可是每当我们打完球兴高采烈地回到教室时，老师总

是板着脸告诉我们,要把精神头儿都用到学习上",有的学生如是说。可见,能不能让孩子们说心里话,关键在大人。只有让他们感受到学习的乐趣,他们才会像课外活动那样去全心投入课堂学习。倾诉心里话是教师与学生的沟通中所不可缺少的。本学期我一直坚持一周布置两篇"小练笔"作业,没有字数要求,有则多写,无则少写。通过"小练笔",我与小A进行沟通,发现这个孩子还是很有自己的想法,经常将一些心里话写出来。慢慢地,小A的练笔内容越来越丰富,与我也越来越有默契。有一次,他在练笔中写道:"以前我特别害怕老师留作文作业,可是现在我不害怕了,因为我发现了窍门——写出自己的心里话,就可以了。"

(三) 加强归因指导和训练,使小A学会积极的自我归因

研究表明,个体对成功与失败归因的不同,会引起不同的心理变化,进而影响以后的行为。视障学生对成功与失败的归因会直接影响其学习的自我效能感,并对以后的学习产生影响。而小学阶段学生自我认识尚在形成中,往往不能对自己学习的好坏进行正确的归因,视障学生更是如此。因此,我加强了对小A的归因指导和训练,帮助他进行积极而合理的归因。比如,学习任务成功时,将其归结为能力和努力等内部因素,使他产生自豪感,增强他今后完成学习任务的自信心;而学习任务失败时,将其归结为努力不够或学习方法不当等可控性因素。慢慢地,他克服了自卑感,有了自信心。

(四) 留点"自由"给学生

随着信息社会的到来,人们的生活节奏越来越快,学生也不例外,每天的时间被安排得满满当当。但单调的生活与儿童天真活泼的本性产生了一定矛盾。因而,要留给孩子自由支配的时间,留给属于孩子自己的空间。尤其在现在的"双减"背景下,我总是给不同层次的学生布置不同的作业。对于小A,我经常会给他留一些基础作业,那些不在妈妈的帮助下就不能完成的作业,我都会不留或者少留——留这样的作业意义不大,只会成为他的负担。只要他能够认真地完成作业,我都会大力表扬,这也增强了小A在学习上的自信心。

（五）助学伙伴能量大

助学伙伴是教学中一支不可忽视的力量，不仅使视障学生从同学的帮助中解除一部分学习上的困难，还能使其从与正常儿童的交往中，开阔眼界，增加接触社会的机会，学会适应生活、适应社会。对助学伙伴来说，助学活动也是建立爱心，学会关心他人，促进自我提升的好机会。我给小 A 安排的助学伙伴是一位品学兼优、责任心强的小干部，他每天利用作业辅导的时间助其完成改错、听写、背诵等任务。我提醒助学伙伴要注意以下事项：给小 A 辅导时，字要足够大，让小 A 能够看清楚；对待小 A 的态度不能强硬。经过一段时期的磨合，助学伙伴很快就与小 A 形成了良好的互助关系，小 A 的成绩稳步上升。

（六）生活中献爱心

考虑到小 A 的身体情况，我一般安排他参与班中比较轻松的劳动，但久而久之，易使其形成"这活儿不该我干"的想法。于是，我便指定他每天擦拭电脑展台，让他也觉得自己是班级中的一分子，能为班级出力。每天放学时，由于书包特别沉，小 A 又有心脏病，我便安排了一名专门帮小 A 背书包的学生，帮其将书包送至接他的妈妈手中。做力所能及的工作，为班集体做贡献，也使小 A 越来越乐观地看待自己的视力缺陷。同学们的热心帮助使小 A 更积极地面对生活上的困难。

四、个案教育的实施效果

归属与爱的需要是人的重要心理需要。经过一年老师与同学对小 A 的支持与帮助，小 A 的家庭作业能够按时、较好地完成，课堂作业质量也有了显著提升；能够和同学们自如地交往，脸上经常洋溢着笑容；能坚持擦拭电脑展台。

五、案例反思

通过小 A，我更加认识到教育工作者的责任。像小 A 这样的随读生，命运已经带给他们诸多的不幸。身为一个教育者,应秉持公平教育的原则及时地帮助他们、抚慰他们受伤的心灵。其实,指导小 A 这样的学生并不难,关键是采取他喜欢的方式来沟通、交流,让他体会到老师的关心、同学的爱护、学校的温暖。

第六篇 融合教育中的个别化教育案例

促进视力障碍孩子音乐学习的案例研究*

音乐教育是美育的重要组成部分。在音乐学习中，要让随读学生和其他同学一样体验、感受、表现音乐艺术的美，享受音乐艺术的美。教育者要了解随读学生的特殊需求，有针对性地开展教学，提升音乐教学效果。以下是促进视力障碍学生音乐学习的研究案例。

一、学生基本情况分析

小陈同学，女，四年级，双眼弱视，智力正常，语言表达能力较差。

（一）心理情况分析

该生性格较为内向，能与同学正常交流，上课时注意力较集中，自制力好。但因视力不好，害怕出错引起同学嘲笑，课堂上很少举手回答问题。她虽有极少次数的发言，但都极为紧张，表现很胆怯。

（二）音乐学习能力分析

该生上课听讲认真、遵守课堂纪律，理解力、记忆力较好。基本掌握低年级音乐课堂中学习的基础知识和基本技能。语言表达能力较弱，在回答问题时逻辑不清晰；歌唱时声音弱，不敢独立演唱，歌唱没有表现力；很难融入小组中，在合作学习中表现为胆小、腼腆。

---

* 作者：隗红霞，北京教育科学研究院附属石景山实验学校教师。

二、制定有针对性的教育目标

该生主要困难来自视力问题产生的障碍,进而衍生心理问题,影响学习效果。据此确定教育目标如下。

(一)加强非智力因素的培养和训练,提升随读生音乐学习自信心

针对其视力缺陷,教师提供方便和帮助,并对其心理问题进行疏导,逐渐消除其自卑心理,使其在课堂上逐渐增强自信心。逐渐使其在音乐课上能够与其他同学一起随伴奏音乐放声歌唱,随音乐进行肢体律动,进行音乐创作活动,正常地参与音乐课的学习。

(二)肯定随读生智力和学习能力,设定音乐学习常规三维目标

该生智力正常,因此在教学中设定与其他同学相同的音乐学习三维目标:掌握教材基础知识和基本技能;每学年能独立演唱2~3首歌曲;能运用教师给出的素材进行音乐创造;喜爱聆听、演唱各种风格的乐曲和歌曲,逐渐培养喜爱音乐艺术的情感。

(三)进行音乐小组合作学习训练,让随读生逐渐融入音乐学习集体

在音乐课堂生生互动的学习中提升合作学习的能力,使其意识到人际交往的重要性,产生与同伴合作交往的愿望,逐渐融入音乐学习集体,从而培养其对音乐的语言表述能力与合作学习音乐的能力,帮助学生未来更好地适应社会。

三、视障学生的音乐教育措施

（一）用心安排随读生音乐学习位置，消除学生音乐学习障碍

1. 安排视障学生在音乐教室前排就座，消除视觉障碍

教师安排她在音乐教室的前排就座，使其能够清晰地观看相关内容，清楚地聆听老师的讲解与范唱，降低视觉障碍带来的影响。

2. 选择热心、乐观的同学相邻就座，消除心理障碍

在视障学生的音乐学习环境方面，还要关注其心理状态，使她感受到理解、尊重和关爱。可在随读生座位周围安排乐观向上、热心的同学就座，在课堂进行中，随读生能够随时获得帮助，让她感受到集体的温暖。这样既有利于老师和同学们随时给予其关爱与帮助，又有利于随读儿童身心健康发展。

3. 设音乐助学伙伴开展"一帮一"活动，消除学习障碍

安排一位音乐学习成绩优秀、热心助人的同学作为音乐助学伙伴，并坐在随读生邻座来帮助她。助学伙伴在课内课外进行帮扶，营造良好的学习氛围，消除随读生掌握音乐基础知识、提升音乐能力等方面的学习障碍。这不仅对随读学生有益处，助学伙伴也在助人的同时教学相长，个人能力不断提升，对班级其他学生也起到了榜样的作用。

（二）教师要做好各项准备，对音乐课堂进行针对性的调整

1. 教师做好课前准备，改造学习材料、自制教具、学具

课前，教师将教学展示内容放大、调清，方便随读生观看学习；为随读生准备宽格五线谱本，方便其书写音符、歌谱等音乐课堂笔记和作业。

2. 教师在音乐教学中适当放慢讲解速度，多鼓励多表扬

教师要适当放慢讲解速度，多留意随读生的课堂表现，及时抓住其应掌握的内容进行提问，鼓励其回答，进行恰当的表扬和鼓励，逐渐增强其自信心。

（三）挖掘学生自身音乐优势，因材施教

教师认真观察、发现学生身上音乐素养方面的长处，因材施教。教师在潜移默化中强化学生的自我认知，让学生逐渐认识到自己的优点，并能够不断地发挥自己的优势，在学习中树立信心，不断成长。

四、教育反思

在音乐教育实践中，我体会到，随班就读工作要遵循自然发展的规律。随班就读学生像自然万物一样具有自己的优势和特点，会按照自己的方式不断地发展和成长。作为教育者，我们要遵循自然发展规律，要最大限度地满足随班就读学生的特殊需要，为他们创设融洽、友爱的学习环境，提供恰到好处的帮助，采用符合其认知特点灵活多样的教学方法，让他们按照自己的方式、速度和特点去学习和成长，增长知识和能力，丰富情感，形成健全的人格。随班就读学生也一定能像普通学生一样健康成长。

给随读生以正确的引导和帮助，在其人生中点亮一线光明，让其成长之路走得更顺利，是我们教师应尽的职责。在多方的共同努力下，他们一定会和普通生一样共同进步！

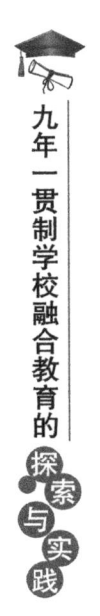

走进随读生的内心
——小学视障儿童教育的案例分析*

一、个案的基本情况

小明,男生,10岁,非常贪玩。他由于视力障碍而随班就读,眼睛近视达两千多度,即使佩戴眼镜依然看不清楚字,经常写错别字,抄写的字也总出现缺少笔画或写错笔画的情况。小明父母离异,他跟着妈妈和姥姥生活。妈妈和姥姥的溺爱养成了他贪玩的习惯,他不想写作业,甚至连作业是什么都懒得记。小明妈妈因为孩子视力问题直接要求老师不让他写作业,小明更是"明目张胆"地不写作业,对待学习的态度很不认真,就连期末考试都出现乱写乱画的现象。

二、个案教育的过程描述

小明课后不写作业,他自由支配的时间更多了。这些时间小明尽情地用于各种娱乐:小明先是课间在班门口的楼道里跑着玩。我安排帮助他的同学说:有一次小明下楼上课,因为是冬天,他眼镜上起雾,更看不清了。他还跑,结果差点儿摔倒,因为同学扶住了他才没摔倒。

我表扬了帮助他的同学,又叫住他:你看咱们班门口就对着楼梯,课间不能跑,很容易摔下楼梯的。你还记得开学第一天老师就讲过课间不能在楼

---

* 作者:蒋文娟,北京教育科学研究院附属石景山实验学校教师。

道里跑、打闹，容易摔下楼梯这事儿吗？幸好有好心同学帮忙扶你一把，如果同学不扶你，你摔倒了，容易把你的眼镜摔坏，还容易摔伤、磕破头。课间在楼道里要走，不能跑。他默默地低下了头……

课间小明不在楼道跑了，他又找到了新玩法：不佩戴口罩到楼下捡树枝和饮料瓶玩，把捡到的饮料瓶扔进下水道。作为班主任我找他谈话：现在是疫情防控阶段，虽然我们接种了新冠疫苗，但并不能百分百抵抗新冠病毒，还需要我们佩戴口罩进行防护，你看老师讲课都是佩戴口罩的。饮料瓶应该扔到可回收垃圾桶里，以便回收再利用。如果扔进下水道，容易堵塞下水道，下水道堵塞，水下不去，气味难闻，还容易传播病菌，咱们班距离洗手间这么近，最先影响到的就是你和咱们班同学，以后不能再这样做了。

谈完后，小明不怎么捡树枝和饮料瓶了，口罩虽然不能做到一直佩戴，也算是能坚持经常佩戴。偶尔佩戴不标准，遇上我他还知道把口罩往上拉一拉盖住鼻子。

之后小明在一位任课老师来上课时大声喊"大熊来了"。我教育了他，并让他给老师道歉。

依据我的经验，小明的上述行为是为了博得关注。为了弄清小明博得关注的原因，在学校组织家长陪同孩子接种新冠疫苗的过程中，我观察了小明的爸爸，他是班里唯一一名迟到的家长。小明爸爸之前没接送过孩子，我不敢确定姗姗来迟的人是不是小明爸爸。等距离较近的时候，我问小明那人是不是他爸爸，小明说不确定。后来他爸提到自己和孩子妈妈分开住，孩子一直是姥姥和妈妈带着。爸爸陪同小明打疫苗全程几乎零交流，爸爸看手机，小明在旁边老老实实地坐着。第二天小明告诉我，最近因为他妈妈和姥姥吵架，姥姥也不带他了。孩子的确是在家里太缺少关注了。

如果说小明以上行为是为了博取更多关注的话，下面的这件事则涉及心理问题了。

有一天，几个男同学在班里向我告状：小明耍流氓。我听后很诧异，感觉事情不好，让他们先不要对其他同学说。我把那几个男同学带离班级，问道："小明怎么耍流氓了？"其中一名同学说："小明大课间时在操场上脱裤子让我们看。"我向其他几位同学求证，他们都纷纷表示自己也看到了。我

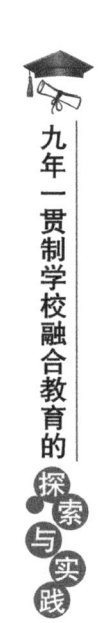

觉得事情很严重，作为班主任不能任其发展下去。我先在一名同事的帮助下，线上向心理咨询师咨询了类似事件应该如何处理。心理咨询师表示：小明裸露生殖器这一行为一定要重视，先了解清楚是什么原因，再带孩子去咨询心理医生。

紧接着，我按照心理咨询师的建议选择轻松的环境与他沟通。在参加课后服务的同学都去了各个兴趣班的教室后，教室里只剩下我和他的情况下，我边扫地边跟他柔声说："那几个男同学说你脱裤子让大家看这事儿是真的吗？"他低声说："是真的。"我有些诧异于他回答得如此干脆。我接着柔声问："为什么要这样做呢？"他想都没想就说："因为想当开心果，逗大家笑，以前大家都说我是开心果。"我沉默一会儿，问："这次同学们还认为你是开心果吗？"他摇了摇头。我观察到他脸上有些失落的表情，慢慢地说："你和同学们都上四年级了，长大了，那里是隐私的地方，是不能在像操场上这样的公开场所裸露的。"

和小明谈完，不参加课后服务的同学都已经放学，距离参加课后服务的同学放学还有较长时间。我选择这个时间段约了小明的妈妈在校门口聊了聊孩子近期在学校的表现，希望共同解决孩子出现的问题。

我怕直奔主题吓到他妈妈，先把之前孩子在楼道里跑，不戴口罩在操场上捡树枝和饮料瓶，并把饮料瓶扔进下水道等淘气行为跟他妈妈说了说。他妈妈不以为然，说自家孩子只是淘气。紧接着我说到小明在一名任课老师过来上课时，说"大熊来了"。出乎意料的是，他妈妈竟然说："小明是在跟老师开玩笑，在国外，学生跟老师开这样的玩笑没什么的。"我说："小明妈，咱们现在是在国内，最起码要尊重老师。"小明妈接着就说："小明不喜欢上他的课。"她还说："没有教不会的学生，只有教不好的老师。"我听到这话感觉这么谈下去不会有多大效果。便说："作为孩子的班主任，对于小明这样说老师，我感到很抱歉，我已经为孩子这件事向任课老师赔礼道歉了。"

接下来我严肃地提到孩子在操场上裸露生殖器一事，希望孩子家长重视。家长听了之后，没有意外的表情，说："孩子年龄还小，只是在玩。"紧接着问："老师，你干吗这么严肃？"我说："这件事我是在线上咨询过心理咨询师后才跟您说的，当然在线上我也隐去了孩子的个人信息，包括我选择在这样一个时间点和您沟通这件事儿，都是为了保护孩子的隐私。"小明妈想都没想就说："我不怕别人知道，即使是同学家长都在这我也无所谓。"听了这话我都不敢相信自己的耳朵。他妈妈有些激动，声音大了起来。我赶紧环顾四周，暂时还没有家长来接参加课后服务的同学。我心里暗自庆幸，想了想说："我知道您说的是气话。因为孩子随班就读，学校每周都安排一节心理课，您看我是不是可以把这件事儿反馈给心理老师，请他帮忙。不过学校心理老师是知道咱家孩子个人信息的。"小明妈开始不同意，经过沟通后才同意。见接孩子的家长陆续来到学校门口附近的匝道，我便结束了我和孩子妈妈之间的谈话。

在得到他妈妈的同意后，第二天我找到学校心理老师说了小明裸露生殖器一事，并且把这件事的原因也告知了心理老师，希望得到心理老师的帮助。心理老师也表示，之前小明在每周心理课时出现过把手伸进裤子里的行为。四年级了，孩子出现这样的行为应该重视，现在还是可以治疗的。

三、个案教育的分析与启发

（一）对视力障碍的学生要照顾，也要严格要求

由于小明患有视力障碍，我和同学们对小明都照顾有加：我不仅安排他坐在第一排，还在班会课上教育其他同学在小明有需要的时候帮助他。这一点同学们在班长的带头下都做得很好：班里不仅没有同学欺负小明，还经常有同学帮助他。有时小明淘气把隐形眼镜弄掉到地上，总有同学帮他找到并扶着他来告诉我，寻求老师的帮助。

当小明表现不好时，也要对他严格要求，规范行为。

（二）抓住机会对视障学生教育和引导

不放弃任何教育小明的机会：平时因为小明的视力问题把他的座位安排在第一排，他上课看不到个别同学的淘气行为。期末考试时，按照统一要求排考试座位，排在他前面的同学正是班里比较淘气的淘淘。在一天半的紧张考试后，我走到小明旁边问他：你这两天看到了淘淘的各种淘气行为，你是

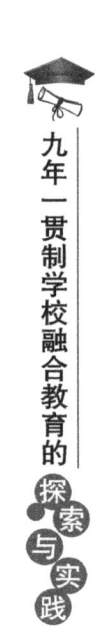

喜欢像咱们班静静、熙熙这样学习好纪律又好的同学的行为呢,还是喜欢淘淘的行为?小明不假思索地说:"喜欢学习好纪律又好的同学的行为。"我对他的选择表示赞成,同时说道:"我们最起码要活成自己喜欢的样子,我们不能活成那种连自己都不喜欢的样子。"小明听完后点了一下头,陷入沉思……

我观察到小明接下来的两天有很大的改变,没有再出现以前的淘气行为。

(三)帮扶视力障碍同学要及时、有效

能够及时、有效地帮助小明,也要感谢专门帮扶小明的同学。负责帮扶的同学我提前安排好了两位,所以每当小明犯了有可能伤害自己或别人的错误时,负责帮扶的同学都能第一时间发现并报告给我,考虑到十岁左右的孩子犯了错误没几天可能就忘记了,我都第一时间对他进行积极有效的批评教育,使他知错、改错。有一次,负责帮扶小明的同学到办公室向我报告:小明在班里边爬窗户边说要跳楼,班长和另一名帮扶同学正拉着小明呢。我听后火速赶到教室,把小明带到办公室,问道:"你为什么会有要跳楼的想法?"小明不好意思地说:"我没想跳楼只是想逗大家开心。"我严肃地说:"你有没有想过你往窗台上爬,万一不小心真的从窗台上掉下去了会怎么样?咱们班在三楼,如果掉下去后果很严重。往轻了说也得摔伤,摔伤了谁的身体会疼?而且疼的程度远比你平时不小心被树枝划破手要疼一百倍;往重了说危及生命。以后你还这样冒着自己的生命危险去逗同学们开心吗?"他小声说:"不这样了。"他之后也没再出现过这种行为。这种事能得到及时有效的处理,我有些庆幸:幸好同学们及时发现并拉住了小明,幸亏帮扶的同学第一时间报告给我。没有他们,我很难做到及时有效地处理这件事儿。没有他们,小明因为视力障碍,想从窗台上下来都很困难。万一由于看不清而在窗户外面踩空,那后果简直不堪设想。

(四)家校合作,共同为视障孩子谱写美好的未来

家校协同合作是有效帮助视障儿童的方法之一。家长是孩子的第一任老

师，父母对于孩子的影响直接且深远。小学中低段学生对家长的依恋远远大于老师。

要想使小明裸露隐私部位的深层心理问题真正得到解决，少不了家长的参与、帮助。虽然小明的家长起初不能理解老师，但经过努力沟通后，最后基本能够和老师达成一致意见：同意学校的心理医生介入，为小明这一偏差行为做矫治。家长还把更多信息提供给心理医生，以便心理医生更快更全面地了解孩子，尽早尽快地从根本上矫治这一行为偏差。

(五) 真正走进视力障碍儿童的心里

有的孩子由于身体原因而出现心理问题。我作为班主任，要真正走进孩子的心里。我虽然不能像心理医生那样治疗孩子的心理疾病，但是我为能尽早发现小明的偏差行为，并走进他的心里，找到出现偏差行为的原因，为解决孩子的心理问题做出贡献而感到欣慰。小明之所以采取各种"淘气"行为来引起同学们和老师的注意，归根结底是因为视力障碍和贪玩导致学习成绩不理想，心里有些自卑。当然也有部分原因是家庭的问题：父母离异，爸爸基本不参与管教，妈妈和姥姥过于宠溺。这些都是导致孩子行为出现偏差、产生心理问题的原因。

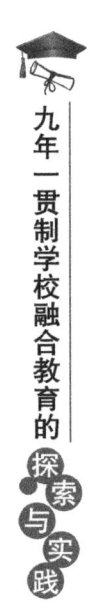

白璧微瑕，光芒夺目
——多动症儿童的教育案例*

一、个案的基本情况

沛沛是一名因多动症而随班就读的孩子。多动症是注意缺陷与多动障碍的俗称，指发生于儿童时期，与同龄儿童相比，以注意集中困难、注意持续时间短暂、活动过度或冲动为主要特征的一组综合征。

沛沛说话不清楚，不能很好地将自己的想法表达出来，不能与家长、同学和老师正常沟通；遇事比较冲动，在不顺心意的时候就会大声叫喊或者大打出手；曾经在小学时还打、咬过班主任。

我从六年级开始与他接触，是他的数学老师，现在已经是教他的第四个年头了。我们之间发生了很多的故事，我也见证了沛沛四年的成长与变化。

二、个案教育的过程描述

当沛沛上六年级的时候，我开始接触这个不爱说话、从来不直视别人的男生，了解到他的特殊情况，于是课上我对他会比较关注。起初他在数学课上不说话，让我慢慢地淡忘了他是有多动障碍的孩子。但在一次数学课堂上，在讲课的过程中，我注意到沛沛先是紧锁眉头，表情很严肃，额头两侧大大的汗珠缓缓地流淌下来，看起来一副很着急的样子。于是，我赶紧安排同学

＊ 作者：李冬洁，北京教育科学研究院附属石景山实验学校教师。

们做练习，走到他身边，小声问道："沛沛，你怎么了？老师发现你皱着眉头，遇到什么困难了吗？"但他的回答出乎我的意料："嗯嗯嗯……"他一直"嗯……"，说不出第二个字，一个完整的句子也说不出来。见此情形，我低下身子，耐心地又问："不用着急，你慢慢说，老师等你。"这时，他慢吞吞地从嘴巴里挤出几个字："我我……没听……明白……"原来如此，他是因为没有听懂知识，自己着急呢。于是，我又将刚才讲的内容，给他讲了一遍，这才见他的脸上有了一丝笑容。"老师我懂了。"他流利地说。这次沟通之后，我意识到：沛沛不是不能与别人沟通，他也可以交流。只不过，要放下身段，耐心等待，他需要比别的学生更多的时间去表达自己的想法，他是能够与人沟通的。

后来，听说他在其他课上大声尖叫，影响正常的上课秩序。我就去与当时的任课教师和沛沛沟通，了解到其实沛沛没有恶意，只是当时老师没有关注到他的情绪，沛沛又没有选择正确的方式表达自己的情绪，才造成了这样的局面。此后，在我面前，沛沛开始愿意表达自己了。虽然每次说出的都是简简单单的几个字，但是我觉得他紧锁的内心之门，开始对我悄悄地打开了一条小小的缝隙。

随着时间的流逝，沛沛已长成高高大大的男孩子了，个子比我高出了很多。虽然他数学的基础很弱，但是每节课他都认真听讲，一下课他就冲到我身边问我数学问题，从一开始问我"……怎么做？"到现在的"老师，这一步到下一步是为什么？怎么代入计算？"问题变得越来越具体，成绩也在慢慢地提高。虽然他的成绩并不是很好，但是与他自己以往的成绩相比较，他在一点一点地进步。他跟我的话也越来越多，能够越来越清晰地将他不明白的地方表达出来。

其实在这三年多的时间里，沛沛也有过对数学学习放松的时候。在前段时间采取线上的授课方式后，沛沛经常会迟到。通过跟他妈妈的电话沟通，了解到进入青春叛逆期的沛沛在家里开始沉迷网络游戏，跟父母经常发生冲突。因为游戏，妈妈都将他的手机摔了很多次，妈妈当时对沛沛也很发愁和无奈。我打电话给沛沛他根本不接，让妈妈叫他接电话他也不听，于是我跟沛沛中断了很长一段时间的沟通。当疫情好转后，回到学校，他又恢复到了原来的学习状态，但由于问题积累得太多，对后续的学习影响较大，这使他

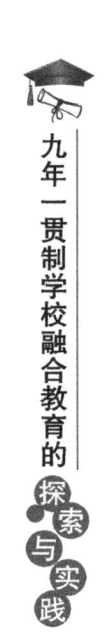

在学习数学的道路上走得越来越艰辛。

现在对初三的数学知识，沛沛学起来十分吃力，但是他从未放弃，对每节课的疑问他都会在课下找我答疑，这是很多其他同学做不到的。他的问题小到分数乘整数怎么算，大到几何证明如何推理。或许他的数学成绩终将不能达到一个合格的分数，但是他在数学的学习过程中，心理的转变，沟通能力的提升，面对难题锲而不舍的钻研，不懂就问的习惯，在他日后的生活中，是比成绩重要太多的品质。这些品质将影响他的一生。

三、个案的分析与启发

（一）细心关注，体会多动症随读生的内心变化

人之初，性本善。刚刚十几岁的孩子，他们绝大多数不是很善意的举动其实都不是出于恶意，只是对于某一个问题，自己钻进了牛角尖儿，想不开、走不出来，气愤到了极点忍耐不住后，突然冲动爆发，做出一些让人难以接受的事情。所以，这就需要老师细心关注因多动症随读的学生。在他积累气愤情绪的过程中，要及时发现并加以引导，让他将气愤的情绪慢慢地舒缓下来。

（二）耐心等待学会倾听，理解多动症随读生的异样举动

随读生往往从小就伴随着一些人格、智力或者肢体上的障碍或缺陷，他们想要与命运对抗，但改变自己的现状是一件很难的事情。沛沛的多动症，也有一点孤独症的表现。最初他只能"嗯……嗯嗯……"，说不清楚话，这时就需要老师耐心地等待他将内心的想法表达出来，不打断他，不急躁，多鼓励，耐心倾听，让他慢慢地将自己要表达的想法说清楚。让他慢慢学会表达，有表达的欲望，这样才能在不久的未来融入社会。这个过程可能会很漫长，也可能会反复，但是我们要耐心等待。现在他已经慢慢敞开自己的心灵大门，慢慢学会了如何与人沟通，学会了控制自己冲动的情绪。虽然他不愿在众人面前表达自己，但是他还是有了自己的朋友，学会了沟通——这真的是很大的转变了。

（三）时常鼓励，激励多动症随读生建立自信

在多动症随读生的成长过程中，多的是父母的责备、同学异样的眼光，

老师特殊的关注和教导，少的是表扬与鼓励。所以，当有一点点转变和进步的时候，要及时鼓励，无须大张旗鼓地表扬——与他单独沟通时及时鼓励。要慢慢温暖他的心，让他意识到自己被老师关注，老师总能看到他的转变，让他为自己的转变而开心，为自己即将到来的转变而期待。

（四）营造友爱的班级环境，让多动症随读生在温暖的环境中成长

多动症随读生在成长过程中，接受到了太多不一样的目光，所以虽然老师要对其有特殊的关注，但也不能太过明显。在学校的每一天，老师跟学生的相处时间远远少于学生之间的相处时间，所以需要营造一个友爱的班级氛围，在课间、在别的老师课堂上发生状况时，学生可以先稳住多动症随读生的情绪，并且以友爱之心与他沟通和相处。这就需要老师在平时将对待随读生的态度、教育慢慢渗透给同学们。

（五）高频次与家长沟通，让多动症随读生的家长感受到孩子积极的变化

在平时的教育教学工作中，增强家校沟通对每一个孩子的成长都有积极作用，对多动症随读生更为重要。老师往往在随读生发生问题的时候把家长叫到学校来解决问题，久而久之，家长对老师的电话会产生抵触情绪，同时也会带给随读生带来很多负面的情绪。所以，要加强与随读生家长的沟通：问题需要沟通，好的转变更需要沟通。让孩子和家长都有积极的情绪，对孩子的成长更重要。

作为教师，我们不能选择我们的学生，就如同我们不能选择自己的孩子。当学生比较特殊时，我们就要用特殊的爱去温暖他，这样才能换来孩子真心的笑容和快乐的成长。

随读生恰如这微瑕的美玉，尽管他们有种种瑕疵，但在老师、同学和家长的帮助下，在自己的努力下，这些微瑕的美玉一定会散发出更加夺目的光芒！

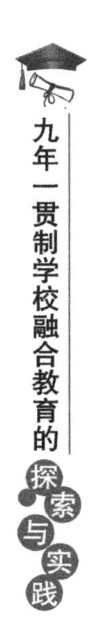

用爱心为孩子带来一缕希望的阳光
——随读生融合教育案例分析*

教师只有不断更新教育观念，增强自身的责任感和敬业精神，才会把埋怨学生变为理解学生、热爱学生，把指责学生变为关心学生、研究学生，从学生的实际出发，努力调动学生的学习积极性，做好教书育人的工作。特殊儿童，他们更渴望老师的爱，而老师的爱会激励他们奋发向上。

一、融合教育案例描述

小 Y 同学我已经教了四年，他患有智障。记得以前刚教该班音乐课时，就听其他老师说这个孩子上课会下座位、突然喊叫，千万不能刺激他。第一节课我怀着忐忑的心情走进了教室，课堂内容还没进行几分钟就听到他大喊大叫、出怪声，下座位到处招惹其他同学，结果本来准备好的一节课就这样被他打断了，也影响了我的好心情，顿时烦躁不已。这样的孩子该怎么管理呢？让我更生气的是，居然还有别的孩子受他影响开始说话嬉笑，课堂教学完全不能进行下去了。当时自己年轻冲动，真想走过去狠狠说他一顿，但是我又立即想到这孩子不能受刺激，否则他再做出什么过激行为怎么办，所以自己必须冷静再冷静！我深呼吸、使劲儿把火气往下压。其他学生看我不说话、脸色不好，知道我生气了，逐渐安静下来。我用锐利的眼神快速扫视教室一圈，看着每一位学生的眼睛说："小猫咪钓鱼的时候不专心，想着别的

---

* 作者：张淼，北京教育科学研究院附属石景山实验学校教师。

事情走神儿了,结果鱼跑掉了,妈妈很生气地跟它说饭没有了。知道老师说的是什么意思吗?"学生们点头,一个学生站起来回答:"我们没有认真听老师讲话,老师生气了,后面的小积分就没有了。"我说:"看来同学们理解老师的意思了,表扬这位同学,你说得很好!"之后我发给了那位同学一朵小红花,其他同学看到我奖励她小红花也都闭嘴不说话了,小腰板挺得笔直。

我马上表扬全班同学:"现在同学们的坐姿都很标准,老师很高兴,我希望能够坚持到下课。我们比一比看谁表现最好,老师会有加分,好吗?"我再看小Y同学,他没有大声嚷嚷。我面带微笑轻轻地走到他身边,冲他伸出一个大拇指说:"你现在的表现特别棒,看来你也是能够安静地坐在这里听老师说话。如果你一整节课都这么棒,老师也给你一朵大红花作为奖励。你一定要相信自己,你一定能做好!"说完后,我轻轻摸摸他的脑袋。他还要跟我说话,我就和气地告诉他不着急,下课后慢慢谈。我问道:"你可以向老师保证吗?"他冲我点点头,接着又开始安静地做自己的事情了。我看到他的桌子上是一幅画,上面有很多小人,画得很生动。我想这孩子看起来很喜欢画画啊,我指着他的画说:"你真是一个小画家啊,画得真好!"他自豪地指着自己的画跟我说:"老师,你看我画得像不像?我画的是植物大战僵尸!这个是向日葵,这个是豌豆。"我马上把画接过去跟他说:"老师也很喜欢你的画,下课我再继续欣赏你的作品好吗?"他点头答应了。接下来,我便很圆满地完成了第一节音乐课的教学。

下课后我主动找到小Y同学,认真欣赏了他的画,他也很高兴和我交流自己的作品。我还告诉他如果加入一些风景会更好看,他听得很认真。接着,我还问他平时都喜欢做什么,渐渐地孩子也慢慢愿意向我敞开心扉了,于是我引出音乐课堂上的问题告诉他这种行为会影响其他同学,但最重要的是会影响自己。他也认识到了自己的错误并答应改正。第二次上课时我发现他安静多了。渐渐地这个孩子会勇敢地回答问题,而且有时其他同学答错的问题他居然答得很正确。回答问题时,如果我没有叫到他,他就很着急,所以我每节课都会关注到他。有一次他没有答对问题很沮丧,但是我也给他加了一分作为鼓励。后来,我发现他上课越来越积极了,每次唱歌坐姿都很标准。

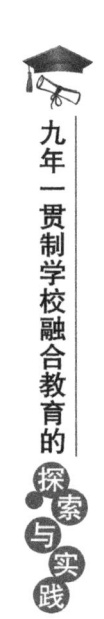

下课时，他如果看到其他同学的音乐书掉在地上，会主动捡起来交给我。我奖励了他两张表扬卡，他很高兴。

小Y同学现在已经成为六年级的学生了，和以前相比他更加懂事好学，虽然他在写字方面和其他孩子相比还有不足，但是能看出他在认真地记笔记，每次考试也能及格，积极参与班级活动，比很多基础不好的学生还要棒。这些改变令我非常欣慰，我对小Y也越来越有信心了。能看出他很喜欢我，每次见到我都亲切地说："老师好！"

小C是一个随读生，他的智商比其他同龄孩子要低一些。开学第一个星期，他几乎就没有和我说过什么话，而我也不知道和他说些什么。这个星期，我和他只有眼神的交流而没有语言上的沟通。周末在家我意识到如果我不主动和他说话，他是不会主动和我说话的。于是第二个星期一的早上，我到学校后第一件事就是去找他。

第二天早上，我带着头天晚上从文具店里专门给他买的本、笔和橡皮来到了教室。我走到他身边说："今天老师给你带来了本和笔，我们一起来写作业，可以吗？"看到他既惊讶又高兴的表情，我知道自己做对了。于是，从那天开始，在其他学生做练习的时候，我都会走到他身边给他留作业。考虑到他的智力问题，我从最开始一年级的音乐知识教起，我在五线谱本上的第一列写一个高音谱号，然后让他写。他写得非常认真，而且字非常漂亮。两个月后，他已经写了多半本子的高音谱号和音符了。他不仅会写，还能大声念出音符的名称。每当看到他拿着作业找我批改的时候，我都能感觉到他很自豪。

还有一个四年级叫小W的女孩，她下半身残疾，行走不便，每次上课都需要她的父亲抱她上楼进音乐教室。我真是感到心疼，这么小的年龄却不能和其他正常学生一样跑跳，只能坐在轮椅上，她心里该多难受啊。

小W虽然身体有残疾，但是因为善良且学习认真，所以非常让人喜欢。有一次课上我让学生们自己创编节奏，虽然她写得很慢，但是非常认真。在小助手的帮助下，她也写出了简单的节奏。她虽然不爱说话但是勤奋好学，希望她今后能多与同学们交流，积极地参与课堂活动，敞开自己的心扉。

二、融合教育案例分析与启发

案例中的三位学生，分别是多动症学生、智障学生、身体残疾学生，三位学生都有不同的个性特点。通过以上三个案例，我获得了以下启发。

（一）发现闪光点

随读生并非一差俱差，他们身上也存在着长处和闪光点，教师要善于发现和把握，帮助他们振作起来，让他们感受到学习的快乐。

小 Y 同学有多动症，所以他经常控制不住自己的行为，影响自己也影响别人学习。遇到这样的学生有的老师可能会大发雷霆，但是效果不好，只会引起教师与学生的对立，让事情变得更加棘手。作为教师，我们需要冷静、沉住气，反复告诉自己这是一个生病的孩子，他自己无法控制，我们应该多一些理解；然后观察孩子在其他方面的优点和长处，把他的优点放大并给予鼓励和表扬，让他获得自信，这样孩子就会逐渐和老师亲近。

比如，在音乐课上，我并没有因为看到小 Y 同学画画而大声批评他，而是认真观察其作品，找出亮点给予鼓励和表扬。这时孩子会感到很意外：自己在课上画画没有被老师批评反而得到鼓励、欣赏。此时，其内心充满成就感，并成为激发他进步的动力。于是，小 Y 同学对我敞开心扉，与我聊起他心中的想法。我感受到他也是一个非常需要肯定和赞美的孩子。

（二）给予真诚关爱

给特殊的孩子多一点真诚关爱，多一点情感的交流，就能让他看到进步的希望。

小 C 作为一个智障的学生，他也许知道自己与其他同学不同，他稚嫩的心灵会不会很容易受伤呢？会不会有深深的自卑感呢？会不会担心其他同学嘲笑呢？以上问题都有可能出现，因为他毕竟是一个孩子，每个孩子都希望获得别人的认可和赞美，但是他生来就是一个有缺陷的孩子。所以作为教师的我们更需要给这样的孩子关爱和帮助，帮他建立自信，让他知道原来自己也很棒。

我非常理解小W内心的孤独与难过，理解她为什么在班中显得这样安静、沉默。当小W看到和她同龄的同学们可以开心地蹦蹦跳跳时，她有多么羡慕和悲伤啊！也许她一生都需要借助轮椅走路了，我内心对她有了更多的同情和怜爱，在课堂中让小助手帮助她学习，我也会经常关注她、鼓励她。

爱是教育的起点，是教育的手段和方法，是教育的技巧与策略；爱更是一种伟大的情感。老师的一个微笑、一个善意的举动都会让孩子们倍感温暖。

三、案例小结

让我们多关心那些有缺陷的孩子吧，因为他们更需要我们的爱与认可！总之，作为教师，我们在教育教学过程中要最大限度地帮助随读生，为他们营造融洽、友爱的学习氛围，采用符合其认知特点的教学方法，配合耐心的个别辅导，有针对性地发展随读生的认知能力，他们也一定会更健康、更快乐地成长起来。

特别的爱给特别的她
——听力障碍学生的融合教育案例分析*

在我们学校,老师们经常会遇上一些"特殊"的学生。他们或在身体上,或在智力上,或在心理上存在一些"残缺"。让他们进入普通班和正常学生一起就读,是为了让他们能够在与普通学生一起活动、相互交往的同时,获得必要的有针对性的特殊教育和服务,开发他们的潜能,为他们今后更好地融入社会,自主平等地参与社会生活,积极乐观地面对困难,成为有理想、有道德、有文化、有纪律的社会主义事业的建设者和接班人打下坚实的基础。面对这些特殊的学生,我们教育工作者要有足够的爱心、耐心和智慧,完成立德树人的任务。

一、个案的基本情况

田欣(化名,下文同)是一名先天性耳残的学生。据家长介绍,田欣出生时就没有双耳,现在的两只"耳朵"其实是通过多次医疗手术"做"出来的。在十多年时间里,小小的田欣经历了多次大的医疗手术,包括挖耳孔、做耳蜗、表皮移植等。每道手术都要反复进行,每一次手术和术后的康复过程都是漫长而痛苦的。这些经历给幼小的田欣带来的不仅有肉体上的痛苦,更有心理上和精神上的煎熬。听田欣的妈妈说,挖好耳孔后,需要进行皮肤移植,而移植的皮肤来自田欣的大腿或臀部,这又给田欣带来了额外的痛苦。

---

* 作者:徐一林,北京教育科学研究院附属石景山实验学校教师。

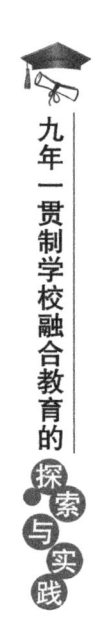

而做好的耳蜗，无论从形状上还是功能上来看，都和正常人的耳蜗有着很大的不同，这又让田欣感到了自卑。更痛苦的是，尽管有了耳孔和耳蜗，并不代表有了正常的听力，田欣还需要戴上价格不菲的助听器，才能够听到声音。

田欣的爸爸妈妈都是普通的工薪阶层，家庭条件很一般。但是，为了孩子，这么多年来，他们倾尽所有，竭尽全力地创造条件，用爱呵护着孩子的成长。田欣是一个坚强的孩子，更是一个懂事的孩子，她理解爸爸妈妈的辛苦，更感受到了爸爸妈妈的爱。她默默承受着每一次手术带来的痛苦，同时，也不忘用自己的努力给这个为她付出了所有的家庭带来欢乐。田欣从小学习刻苦，而且有很多爱好。在她家的一面墙上，贴满了很多的奖状和各种各样的画作。这些画作，色彩鲜艳，表达了她对生活的热爱和憧憬。

因为自己的"特殊"，田欣在学校很少说话，她几乎不主动与同学和老师交流。

二、个案教育的过程

新生入学那天，三十多名同学整齐地坐在教室里。我拿着新生名单，按照上面的顺序一个一个地叫着他们的名字，并要求他们站起来做简单的自我介绍。当我叫到田欣的时候，她半天才站起来，而且用很小的声音说了几句话就坐下了。至于她到底说了些什么，其实我一点也没有听清楚。由于是第一次交流，我也没有太在意。当天晚上，我接到了田欣的妈妈打来的电话，才知道田欣原来是一个先天性耳残的孩子。听着田欣妈妈的诉说，我感叹上天的不公平，感慨小小田欣表现出来的坚强。同时，我也在思考，我能为田欣做些什么？

由于暑假刚做完一个手术，田欣的头发都被剃光了。每天上学，田欣只好戴一个长长的假发套，用它牢牢地遮挡着刚刚通过手术安装的不太好看的双耳。人的自尊心是很强的，谁都不希望让自己的弱点暴露在他人面前，更不希望别人谈论自己的弱点，何况田欣还是一个十多岁的女孩子。为此，我要做的第一件事，就是要替田欣保密，不能让更多的人知道这件事。凡是涉及相关敏感的话题，我都会单独和田欣进行交流沟通。

田欣是一个很要强的孩子，对待学习非常认真。我必须想办法为她创造良好的学习环境。

在座位安排上，我让田欣坐在最前面居中的位置。这样，她就能更好地听到老师讲课的声音，能够清楚地看到老师写的板书。同时，我把班上几个学习好、乐于助人的学生安排在她的周围，并私下里交代这些学生要用心关照田欣的学习和生活。我也私下里跟每一个任课教师进行了沟通，告诉他们田欣的特殊情况，希望他们对田欣进行特殊的关照。

讲课的时候，我一般都要走到田欣的身边，尽量提高音量，放慢语速，重复重点内容，同时写好板书。在批改作业的时候，不管题量有多大，也不管她做错了多少，我都要把正确的答案写在旁边，或者提出一些建议，或者课外找时间单独对她进行辅导。我经常利用批改作业的机会，用笔谈的方式和她沟通交流。这样一来，既交流了学习，又沟通了思想。

除了在学习上对田欣关照，我想最重要的，还是要帮助她建立起一种积极乐观的心态，引导她积极地面对生活。对她来说，以后的路还很漫长，亲人的呵护、老师和同学的关爱及社会各界的帮助，这些都只是暂时的、有限的，未来的生活最终还是要靠她自己去经历、去奋斗。因此，我经常在利用笔谈和她聊学习的同时，也在心理和精神上对其进行引导，鼓励她勇敢地面对现实。

入学初，田欣很少参加集体活动，连常规的课间操、升旗仪式都不参加，经常一个人待在教室里。每当此时，我会安排几个班干部陪着她，争取一起出来参加活动。在没有别的同学在场的时候，我会和她聊几句，告诉她现实是不能躲避的，越躲避心里越没谱，不要老把自己想得跟别人不一样。慢慢地，她能够在同学们的邀请下参与集体活动了。

有一件事，现在回想起来，对田欣的转变有着不同寻常的作用。那是一次全区的聋哑孩子诗歌朗诵比赛。当我把比赛事项告诉田欣并表示希望她能够参加时，她并没有同意。她说自己从来就没有参加过这类活动。我说，咱们试试看，好不好都没有关系，就算是一次锻炼。在我的反复动员下，她终于答应试一试。然后，我和她一起选定了朗诵的文章，利用课余时间反复练习。比赛那天，二十多名有听力障碍的学生走上舞台，表演了各自的节目。田欣最终获得了优秀奖。活动结束后，她写了一篇作文，特意谈到了参加这

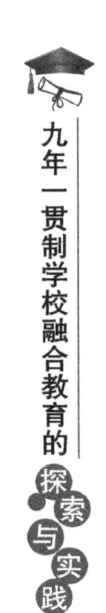

次活动的感受。在作文里,她这样写道:"我原以为上天对我太不公平了,参加这次活动之后,我为我的这种思想感到惭愧。因为在参加这次活动的学生中,我并不是最不幸的。他们很多人面临的是一个真正的无声世界,而我还能听到一些,还能比较清楚地表达我的思想,而他们既听不清也说不清,我真是不幸之中的幸运者。我不应该怨天尤人,不应该抱怨命运对我的不公。相反,我应该感谢命运,感谢那么多人对我的关心。我应该换一种心态来面对这个多彩的世界。"这就是这次活动给田欣带来的最大的收获。

从那以后,田欣的心态有了明显的改变。她不再逃避课间操和升旗仪式了,还能够根据自己的特长和爱好主动参加班级或学校组织的各种活动。在学校秋季运动会上,田欣不能上场比赛,但她在场下积极写稿,为场上的同学加油鼓劲;在区级班会大赛上,面对几十名同学和评委,面对摄像机的镜头,她勇敢地走上讲台展示自己的作品,并大胆表达自己的想法,显示了足够的信心;在向灾区捐款捐物献爱心活动中,她是班上最积极、贡献最大的那一个,她说她从别人那里获得的最多,当然要回报他人……

三年来,在前行的路上,田欣不断地收获着成功:她先后两次在全国春蕾杯作文竞赛中获得一、二等奖,并且代表石景山区参加了北京市的决赛,取得了可喜的成绩;连续两次被全票评选为石景山区三好学生;在初二下学期,她又因成绩优异、表现突出,成为一名光荣的共青团员;初三中考时,她成绩优异,最终被北京市一所重点高中录取。

在我几十年的教学生涯中,遇见了很多像田欣这样"特殊"的学生。他们或者身体有残疾,或者智力发育不全,或者心理存在障碍。面对这样的学生,作为老师的我们应该把特别的爱献给他们,竭尽全力地去帮助他们,让他们像普通人一样自信乐观地面对生活,活出生命应有的精彩。

三、个案教育的分析与启发

(一)及时发现问题,及时与家长取得联系

对于新生的情况,我们教师要尽快地了解。在还没有见到新生之前,我们可以通过学校给的档案资料,对新生本人以及他的家庭情况做一个大概的

了解，包括姓名、长相，家长的年龄、职业等。但是，新生的情况往往不是纸上写得那么简单，尤其是那些"特殊"的学生，我们需要通过更多的途径了解，才能够全面深入地掌握具体情况。新生报到的时候，通过常规点名熟悉学生的方式，我第一时间发现了新生田欣的"异常"情况。课下，我及时与田欣的家长取得联系，通过沟通了解到田欣更多更详细的情况，既避免了误会甚至伤害，又为以后有针对性地开展工作做好了准备。

（二）保护学生的隐私，保护学生的自尊心

要保护随读生的隐私。尽管其"特殊"情况随着时间的推移而慢慢被大家熟知，但是，我们依然要尽量保护这些隐私，至少不能在公开场合提及。他们对自己的隐私尤其敏感，不愿意被人关注甚至提及。保护学生的隐私，其实就是保护学生的自尊。

（三）默默关注，针对听力问题，在潜移默化中引导学生成长进步

特殊的学生需要我们特殊的关爱，但是，如果不注意关爱的方式方法，可能适得其反。对这些特殊的学生，我们要更多地默默关注，既要让他感觉到老师们的关爱，又要让他感觉到这种关爱不仅仅是针对他一人的。

（四）创造条件，提供机会，通过各种活动提高学生的自信心

对特殊学生的教育，最终的目的就是他们将来能够适应社会。所以，我们要尽力培养他们适应社会的能力。在学习知识、打好基础的同时，我们要帮助他们走进生活、走进社会，尤其要让他们感受到社会的真善美，感受到生活的丰富多彩，树立起自立自强的责任感。

第七篇

融合教育中的课堂教学设计

小学数学融合课堂教学设计*

《植树问题》是人教版新课程标准实验教材五年级上册《数学广角》的内容。本节教学设计是起始课，主要研究两端都要栽树的植树问题。让学生经历观察、猜测、验证和推理等数学活动，直观理解植树问题的数学模型，利用数学模型解决生活中的实际问题。同时，充分考虑融合学生的接受能力，通过分层设计任务、设置助学伙伴等，使其在日常学习中学有所得、学有所获。

学科	数学	课题内容		植树问题				
年级	五年级	学生人数	33人	教材版本		人教版		
随读生情况	学生姓名	×××	年龄	10岁	性别	女	残疾类别	肢体	残疾程度	二级
	现状描述： 　　该同学对一般事物能够认知，对问题能够思考，智力良好。存在的障碍是一般的肢体动作不能进行。下身瘫痪，头不能转动，不能弯腰。仅能够伏案写字，但思维能力正常。学习上基本能按时完成作业，但写字时肢体不协调，书写有一定困难								
指导思想与理论依据	《义务教育数学课程标准（2022年版）》指出："通过丰富的教学方式，让学生在实践、探究、体验、反思、合作、交流等学习过程中感悟基本思想、积累基本活动经验，发挥每一种教学方式的育人价值，促进学生核心素养发展。"要促进学生核心素养发展，就要激发学生的学习兴趣，活动内容和形式要新颖、有趣、富有吸引力。因此，本课依据学生已有知识经验，注重引导学生进行观察、猜测、验证和推理等数学活动，帮助学生多角度、有效地体会和运用植树问题的数学思想和方法								

---

* 作者：赵立新，北京教育科学研究院附属石景山实验学校教师。

续表

| 教学背景分析 | 1. 教材分析
　　五年级上册第七单元的《数学广角》主要是渗透有关植树问题的思想方法，通过现实生活中的实际问题，让学生从中发现一些规律，抽取出数学模型，然后再用发现的规律来解决生活中的一些简单的实际问题。
　　教材突出线段图的教学，帮助学生直观理解植树问题的数学模型；注重引导学生进行观察、猜测、验证、推理等数学活动，培养学生从实际问题中探索解决问题有效方法的能力。在教学植树问题时，教师引导学生根据实际问题情境，从简单的情况入手，在解决问题的分析、思考过程中，逐步发现隐含的规律，经历建立数学模型的过程，提高学生解决实际问题的能力。
2. 学情分析
（1）普通学生。
　　学生在学习本课之前，已经有了一定的绘图、计算和观察、推理能力，对一一对应的数学思想方法也有了一些初步的认识。通过前置性作业教师发现，学生对于生活中的间隔现象的认识是比较清楚的。在实际生活中，学生也经历过植树、爬楼梯等植树问题的原型，这为植树问题的学习做了很好的铺垫。
　　小学五年级学生的思维仍以形象思维为主，但抽象思维能力也有了初步的发展，具备了一定的分析综合、抽象概括、归纳梳理的能力。植树问题既需要学生的自主探究，又需要教师的有效引导。
（2）随读生。
　　随读生在学习本课内容之前，也具备了一定的绘图、计算和观察、推理能力，对一一对应的数学思想方法也有了初步的认识。通过随读学生的前置性作业的完成情况可知，随读生对于生活中的间隔现象有一定的认识。但由于身体残疾的原因，在实际生活中，其未体验过植树、爬楼梯等活动，对于所学内容比普通同学有较高的学习难度。
　　从年龄特点分析，他们的思维仍以形象思维为主，抽象思维能力有了初步的发展，具备了初步的分析综合、抽象概括、归纳梳理的能力。植树问题的学习需要在助学伙伴的帮助下开展自主探究，同时教师也要加强对随读生的有效指导。
3. 教学方式
　　主要的教学方式为情景教学法、活动探究法。
4. 教学手段
　　主要有希沃白板和PPT课件。 |

续表

	普通学生	随读学生
教学目标	知识与技能：通过猜测、试验和验证等数学探究活动，初步体会两端都栽的植树问题的规律，构建数学模型，解决生活中的实际问题。 过程与方法：培养学生通过"化繁为简"从简单的问题中探索规律，利用画线段图来培养学生探索解决问题有效方法的能力。 情感态度与价值观：感受数学与生活之间的联系，激发学生的学习兴趣	知识与技能：通过在助学伙伴的帮助下进行猜测、验证等数学探究活动，初步体会两端都栽树的植树问题规律，初步构建数学模型，解决生活中的实际问题。 过程与方法：培养随读生从简单的问题中发现规律，学会用画线段图的方法，初步培养随读学生探索解决问题有效方法的能力。 情感态度与价值观：感受数学与生活之间的联系，激发学习兴趣；在学习过程中获得小印章、激励性语言评价，体验学习数学的快乐
教学重点	发现并理解两端都栽树的植树问题中间隔数与棵数的规律	发现并理解两端都栽树的植树问题中间隔数与棵数的规律
板书设计	植树问题 （两端都栽） 同学们在全长 100 m 的小路一边植树，每隔 5 m 栽一棵（两端都栽）。一共要栽多少棵树？ 间隔数＝全长÷间隔长 $100÷5+1=21$（棵） 棵数＝间隔数+1	

续表

教学阶段	教师活动	学生活动	随读生活动	设计意图
一、联系生活认识间隔	（1）教师：请大家伸出右手，张开手指，指一指间隔在哪里？2根手指之间，有几个间隔？3根手指之间，有几个间隔？4根手指之间，有几个间隔？5根手指之间，有几个间隔？你发现了什么？ 教师：同学们发现了间隔的规律，其实在生活中也有很多的间隔，我们来看看同学们找到的间隔。 （2）展示学生前置性作业。 （3）出示图片：你能找到这些生活中的间隔吗？ （4）引出新课：生活中有很多和间隔有关的问题，我们在数学上把它叫作"植树问题"	（1）观察自己的手指，边观察边做动作，并回答问题。 预设：发现手指数比间隔数多1。 （2）交流并欣赏同学的作品。 （3）找一找课件中显示的生活中的间隔	（1）观察自己的手指，边观察边做动作，并倾听同学的发言。 （2）交流并欣赏同学的作品。 （3）看课件，寻找生活中的间隔现象	由学生熟悉的手指间隔引入，调动学习的积极性。 前置性作业旨在了解学生对生活中的间隔问题的掌握情况，为进一步深入学习做铺垫
二、学习新知激发探索	今天我们就一起来研究植树问题（板书课题：植树问题）。 （1）出示例题、理解题意。 教师：每年的3月12日是我国的植树节，在这一天的植树活动中，同学们遇到了这样一个问题（课件出示问题）。 例1：同学们在全长100 m的小路一边植树，每隔5 m栽一棵（两端要栽）。一共要栽多少棵树？	（1）读题，自主思考。 画一画，算一算。 全长100m，每隔5 m栽一棵，共栽 $100 \div 5 = 20$（棵）	（1）读题，边读边思考，画一画，算一算	直接出示例题的情境，学生尝试解答。利用预设的三种不同的结果设置疑问，激发学生探求新知的欲望

续表

教学阶段	教师活动	学生活动	随读生活动	设计意图
二、学习新知激发探索	教师：想一想，一共要栽多少棵树呢？你是怎么想的？ （2）画图感受、化繁为简。 教师：刚才我们得到了3个不同的结果，到底哪个才是正确的呢？	预设2：我认为是21棵，因为题目中写着"两端要栽"，所以要再加1棵，算式：100÷5+1=21（棵）。 预设3：我认为是22棵，因为题目中写着"两端要栽"，所以要再加2棵，算式是：100÷5+2=22。 （2）思考老师提出的问题	结合自己的算法思考问题	使学生经历画一画、算一算的整个过程，感受"猜测、验证"的学习过程与方法。在实际操作中，相互讨论和交流，结合画图，利用一一对应的思想，更好地理解棵数和间隔数之间的关系
三、合作学习探究规律	（1）我们可以用画线段图的方法来检验。 想一想：你画图时会遇到什么困难？ 教师：像这样比较复杂的问题，我们可以先从简单一些的情况入手进行研究。假设路长有20米，我们一起来研究画一画。 （2）出示20米路长的题目。 （3）巡视学生小组合作交流情况。 （4）展示学生作品	（1）预设：100米的小路，每隔5米栽一棵，画起来很麻烦。因为100m里面有20个5m，太多了，不好画。 （2）画一画，算一算：20米长的路要栽几棵树？ （3）先自主学习，再思考棵数和间隔数有什么关系。 （4）小组合作学习交流自己的想法。 （5）展示汇报	（1）倾听同学发言或表达自己的看法。 （2）画一画，算一算：20米长的路要栽几棵树？ （3）思考棵数和间隔数有什么关系。 （4）与助学伙伴一起在小组内交流。 （5）倾听同学发言并观赏同学的作品	借助画线段图理解植树问题的解题思路

续表

教学阶段	教师活动	学生活动	随读生活动	设计意图
四、利用新知解决问题	（1）改换数目，自主计算。 教师：如果同学们在全长12m的小路一边植树，每间隔3m栽一棵（两端都要栽）。一共要栽多少棵？ （2）回到例1，教师再次指导计算： 同学们在全长100 m的小路一边植树，每隔5 m栽一棵（两端要栽）。一共要栽多少棵树？哪些同学刚才猜对了呢？	（1）学生计算： 12÷3+1=5（棵）。 说一说：棵树和间隔数之间有什么关系？ （2）自主计算： 100÷5+1=21（棵）	（1）计算： 12÷3+1=5（棵）。 说一说：棵树和间隔数之间有什么关系？ （2）尝试自主计算： 100÷5+1=21（棵）	对所学新问题进行变式练习，达到巩固解题方法的目的
五、总结收获拓展延伸	（1）教师：回顾这个问题的解答过程，说说你的想法。 归纳小结：在解决较复杂或数据较大的问题时，可以先从简单数据出发得出规律，然后将规律运用到复杂问题的解决中。 （2）联系生活，构建模型，引导学生解决问题。 ①小红在回家的路上，发现一条长80m的小路，只有一边植树（两端要栽），每隔10m种一棵，这条公路一共要栽多少棵树？	（1）回顾并小结。 （2）结合实际生活问题，做相关练习交流汇报： ①80÷10+1=9（棵）	（1）回顾思考并总结。 （2）在助学伙伴帮助下结合实际生活问题，做相关练习交流汇报： ①80÷10+1=9（棵）	运用植树问题的数学模型解决生活中的类似问题，把植树问题进行拓展应用，使学生能举一反三、触类旁通，并让学生体会到数学与实际生活的紧密联系

续表

教学阶段	教师活动	学生活动	随读生活动	设计意图
五、总结收获，拓展延伸	②5路公共汽车行驶路线全长12 km，相邻两站之间的路程都是1 km。一共设有多少个车站？ ③广场上的大钟5时敲响5下，8秒钟敲完。12时敲响12下，敲完需要多长时间？ （3）引导学生思考：这两个问题不是植树了，为什么也可以用发现的间隔数和棵数的关系来解决？ （4）教师：通过这一节的学习，你有什么收获？跟大家交流一下。 （5）布置课后作业：自由设计一个和今天所学相关的图案	②交流汇报： 12÷1=12（个）； 12+1=13（个）。 ③借助画图理解敲钟的次数和间隔数的关系，运用关系解决问题： 5-1=4（个）； 8÷4=2（秒）； 12-1=11（个）； 11×2=22（秒）。 （3）预设：虽然后一道题中没有树，但是可以把"车站"和"钟声"想成"树"，就可以用解决植树问题的方法来解决了。 （4）畅所欲言，总结本节课的收获	②交流汇报： 12÷1=12（个）； 12+1=13（个）。 ③借助画图理解敲钟的次数和间隔数的关系，运用关系解决问题： 5-1=4（个）； 8÷4=2（秒）； 12-1=11（个）； 11×2=22（秒）。 （3）预设：虽然后一道题中没有树，但是可以把"车站"和"钟声"想成"树"，就可以用解决植树问题的方法来解决了。 （4）倾听或表达自己的想法	这是一个开放式作业，有利于巩固知识，更有利于开发学生思维，形成思维的灵活性并拓展思维的深度

续表

座次安排表	☆ ☆ ▲ ★ ☆ （请用☆表示普通学生，▲表示随班就读学生，★表示助学伙伴）
学习效果评价设计	评价方式： 1. 知识评价 （1）课上评价。重在评价学生的动手操作和理解植树模型特征。只要学生投入活动中，仔细观察、认真探索，尝试用所学知识解决生活中的问题，都给予正面的评价。 （2）知识后测。数学教材第107页"做一做"： ①在一条全长2km的街道两旁安装路灯（两端也要安装），每隔50m安一盏。一共要安装多少盏路灯？ ②小明门前有一条35m的小路，绿化队要在路旁栽一排树。每隔5m栽一棵树（一端栽，一端不栽）。一共要栽多少棵？ 2. 情感评价 （1）学生面对植树问题模型的认识及解决策略，经历观察、猜想、验证、画线段图等数学探究活动，进而理解和掌握植树问题中最重要的模型思想。 （2）在评价形式上，教师使用积分卡、表扬信、小印章等多种形式鼓励随读生。在实施激励评价的过程中，为了促进随读生参与，充分接纳学生的课堂表现，回答问题无论对错都给予奖励。 （3）随读生在与同学的合作探索过程中，体验与他人合作的快乐，感受学习数学的创造性、挑战性

续表

本教学设计的特点	（1）结合习题设计主题，精心设计练习。本节课对习题精心设计。首先，习题设计始终围绕教学目标展开，由前置作业引入新课，认识生活中的间隔，再到课中理解例题、解决例题的练习。其次再联系生活，运用新知识解决生活中的问题。通过习题让学生认识到植树问题不只在植树情景中才有，现实生活中还有许多问题都含有相似的数量关系，都可以用植树模型解决。因此，习题设计由易到难，层层递进。习题1与例题比较仅仅改变了数据，用应用模型求棵数；习题2"车站问题"进行变式应用，"求多少个车站"是求棵数；习题3"敲钟问题"与生活经验紧密相关，学生通过画线段图发现这也是植树问题。最后进行拓展性的习题作业，开展课后延伸，加深对植树问题的再认识。在教学环节的各个阶段，布置不同的任务来学习，层次分明，环节紧凑，练习的指向性明确。 （2）自主探究。本节课构建学生知识结构，敢于放手让学生去探究，体现学生的主体地位。整堂课，无论是随读生还是其他学生都通过自主探究，开展猜想、画图操作和验证活动，从而得出结论。学生在自主探究、寻找、掌握的过程中理解为什么两端都要种时，棵数要比间隔数多1，多的1指的是哪棵树。让学生充分经历猜测规律、发现规律、理解规律、运用规律的全过程。植树问题在现实中的应用有很多，比如安装路灯、排队、公交站牌的设置等，掌握了以后都可以用植树模型来解决它。学生通过自主探究，再结合老师的课件直观演示，理解和掌握植树问题中最重要的模型思想，进而培养学生的数学核心素养。 3. 数形结合，渗透数学思想。在本课教学中，从创设与学生的生活环境和知识背景密切相关的、学生感兴趣的学习情境入手，由学生最熟悉的小手为素材，作为认知基础，引入植树问题的学习。学生在手指开拢、张开的活动中，清晰地看出手指的个数与间隔数之间是相差1的。无论是随读生还是其他学生都能认识并总结出间隔和点数的关系。通过数形结合，学生的思维开阔了，同时也把重要的数学思想通过学生可以理解的简单形式，采用生动有趣的事例呈现出来，体验在真实情境中开展数学学习，体会数学在生活中的价值
教学反思	（1）"双减"政策，是为了真正减轻学生的课业负担，而高效的课堂是落实"双减"政策的有力抓手。本节课教学着重在解决问题的过程中掌握数学模型思想，在提高课堂效率的同时培养学生的学习能力。无论是普通学生还是随读生，都以培养他们的核心素养为目标，建立模型解决问题。 （2）在布置前置性作业时，还需要唤起学生的"知识觉醒"，让学生把学习和生活联系起来，经历体验性学习、感受性学习。 （3）在课堂上应该让学生更多地暴露问题，尤其是当学习基础差的同学找不到解题思路或找错解题方法时，应该让学生在错误当中反思、讨论。 （4）对随读生的评价需要多元化。除了语言评价，还可以有肢体上、精神上的鼓励与评价。在课堂上多关注其情绪上的变化，及时调整教学方法

小学英语融合课堂教学设计*

  本设计基于融合教育学生的学情和接受能力，从激发和保持学生的学习兴趣入手，以培养学生核心素养为目标，通过创设有效的生活语境，分层设计学习任务、设置助学伙伴等，帮助其充分理解对话，调动其学习英语的积极性和参与性，使其自然地融入课堂中，提升其参与课堂学习的时效性；真正落实"面向全体，兼顾差异"的教学目标，进而关注所有学生的持续性实际获得及思维品质和学习能力的培养。

学科	英语	课题内容	Unit 5 Is May Day a Holiday? Lesson 17			
年级	四（1）班	学生人数	34人	教材版本		北京版
融合教育学生情况	学生姓名	×××	年龄	11	性别	女	残疾类别	肢体残疾	残疾程度	二级
	现状描述： 该生患有肢体残疾，残障等级为二级，有一定学习能力和学习意识，但学习的主动性和注意力的持久性较短，有一定的听、说、读、写等基本能力，但更多的课堂活动都需要教师和同学协助才能基本完成。在英语课上，在老师的关注和鼓励下，在与助学伙伴合作的前提下，其学习效果得到提升。本设计基于该同学的学情，创设利于她乐学的情境，提升她参与课堂学习的时效性。						
指导思想与理论依据	《小学英语新课程标准》指出：英语课程的学习是指学生在教师的指导下，以主题意义探究为目的，以语篇为载体，在理解与表达的语言实践活动中，融合知识学习和技能发展，通过感知、体验、实践、参与和合作等方式，逐步掌握英语知识和技能，提高语言实际运用能力的过程。						

---

  * 作者：宋琳，北京教育科学研究院附属石景山实验学校教师。

续表

指导思想与理论依据	《小学英语新课程标准》还指出：学生在小组活动中要积极参与合作，教师要创设有效的语境不断激发学生的学习兴趣，要充分发挥学生的自主性，并给予恰当的引导，帮助学生不断提高解决问题的能力。同时，教师在教学中要立足于两个基于：基于学生学习的教学设计、基于学生实际获得的课堂教学，充分体现以生为本的教育理念。 基于上述理念，依据北京市融合教育课堂教学"面向全体、兼顾差异、注重融合、和谐发展"的基本原则，在设计本课的课堂教学时，从激发和保持学生的学习兴趣入手，以培养学生核心素养为目标，创设真实的生活语境，帮助学生充分理解对话，调动他们学习英语的积极性和参与性，自然地融入课堂，从而力求每位学生在课堂上都学有所获。
教学背景分析	一、教材分析 1. 单元整体分析 本单元是北京版教材四年级下册 Unit 5 *Is May Day a Holiday*？谈论的话题是"节日及安排"，重点教学内容为讨论节日安排所必备的基本语言。教学难点为在不同节日情景下让学生进行恰当的语言交际，以及在谈论"节日和安排"的过程中，产生的延展性语言的理解和恰当运用，包括对文化的理解。这三课时的内容都是基于学生喜闻乐见的重要节日，围绕着单元核心话题"节日及安排的话题"进行探究，层层深入的。 Lesson 15 呈现的是 Sara 和 Guoguo 讨论中美两国劳动节的节日信息及自己的节日计划；Lesson 16 呈现的是 Lingling 和 Mike 谈论儿童节及可以做的活动；Lesson 17 呈现的是 Maomao 向外国朋友 Sara 介绍中国传统节日——端午节，以及相关的传统文化知识。 2. 本课时分析 本课是本单元的第三课时，主要场景呈现如何向外国朋友介绍中国传统节日——端午节，以及相关的传统文化知识，包括"Listen and say""Listen, look, and learn""Let's do"三个板块。"Listen and say"通过 Maomao 和 Sara 在图书馆里的场景，呈现了本课"What's special about this day?"以及答语"In many places people…"功能句型。 "Listen, look, and learn"板块再现了本课重点交际功能句型，拓展了另外三个传统节日为学生提供更多的模拟操练语境，学生在情景中运用功能句与他人谈论中国传统节日的特别之处。"Let's do"板块是通过图片让学生通过问答的形式来猜测节日。 二、学情分析 ①普通学生。本课的授课对象为四年级学生，学生对英语学习充满兴趣，善于思考，乐于与同伴配合完成课堂活动。从语言知识、教材内容和学生已有的语言知识的储备来看，Lesson 15、Lesson 16 课在渗透 Lesson 17 课端午节活动 eat zongzi/have dragon boat races/visit their friends and relatives 的短语上做了铺垫。学生独立读懂、理解语境，难度不大，结合端午节用"What's special about this day?""In many places people eat zongzi."说出中国不同传统节日习俗，并在特定情景中进行简单交流是学生学习的重难点。

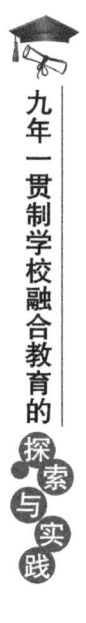

②随读生×××。该生的英语基础薄弱，而且由于身体原因经常不能按时到校学习，对于学过的内容不能建立完整的知识体系，课堂活动需要在助学伙伴的帮助下才能完成，因此对于该生的学习定位是：理解、认知、小组合作，以及简单的语言输出等。

三、教学方式和教学手段

基于情景教学的教学模式，开展学生间的合作学习与自主交流，采用多媒体辅助教学，以听、说、读、看、写为主，通过感知、理解等方式获取对话信息，学习语言。

融合教育学生在助学伙伴的帮助下完成不同层次的教学任务，观看PPT和短视频，积极参与以小组合作为主的课堂活动中来

	普通学生	融合教育学生
教学目标	（1）学生能够借助图片、视频在语境中听懂、认读the Dragon Boat Festival、special、in many places等词汇，并能听懂、理解"What's special about this day?" In many places people eat zongzi."等相关句型，并能正确地对中国传统节日习俗进行简单的交流。 （2）学生能够听懂并分角色朗读对话，并能复述对话内容。 （3）学生能够在语境中理解"What's special about this day?" "In many places people eat zongzi."的语法结构，并结合实际表达自己喜欢的中国传统节日。 （4）学生能够通过对话学习和情感体验，深入了解中国传统节日——端午节及其传统风俗习惯，感受中国传统文化的魅力	（1）融合教育学生能够借助图片、视频在语境中听懂、认读the Dragon Boat Festival、special、in many places等词汇，并能听懂、理解"What's special about this day?" "In many places people eat zongzi."等相关句型，并能了解中国传统节日习俗。 （2）融合教育学生能够听懂对话内容，在助学伙伴的帮助下朗读并参与对话表演。 （3）融合教育学生能够在语境中理解"What's special about this day?" "In many places people eat zongzi."结构的语法，并结合实际了解自己喜欢的中国传统节日。 （4）融合教育学生能够通过对话学习和情感体验，了解中国传统节日——端午节及其传统风俗习惯等，感受中国传统文化的魅力
教学重点	（1）学生能够认读the Dragon Boat Festival、special等词汇，并能结合功能句，正确地对中国传统节日习俗进行简单交流。 （2）学生能够复述对话，并正确运用功能句有条理地表达自己喜欢的节日	（1）融合教育学生能够认读the Dragon Boat Festival、special等词汇并能结合功能句，了解中国传统节日习俗。 （2）融合教育学生能够朗读对话，并正确运用功能句简单地表达自己喜欢的节日

续表

教学难点	能结合端午节对中国不同传统节日习俗进行简单交流	能够结合端午节，了解助学伙伴们对中国不同传统节日习俗的交流
板书设计		

（板书照片：Unit 5. Is May Day a holiday? (1/17) What's special about this day? In many places people... see the moon — Mid-Autumn Festival；visit their friends and relatives — Spring Festival；Chinese Festivals；Dragon Boat Festival — have dragon boat races；Lantern Festival — see lantern shows at night；Who? When? What eat?）

教学阶段	教师活动	学生活动	融合教育学生活动	设计意图（学习资源支持）
Step 1 Greetings & lead in	（1）Greetings. （2）Revision. "In China, May Day is on May 1st, it's for the working people. Guoguo is going to visit ... Children's Day is on June 1st..." （3）Lead in. Guess! What other festivals do you know? Can you tell me more about traditional Chinese festivals?	（1）Greetings. （2）Retell together. （3）Think and guess： Ss：Halloween, New Year...	（1）Greetings. （2）倾听同伴的 Retell，复习巩固节日。 （3）尝试说出部分节日名称，理解并能说出部分传统节日名称	通过复习节日词汇，调动学生的情感体验，引入本课的主题，激活已知内容。 通过谈话引出节日的主题，及中国的传统节日

续表

教学阶段	教师活动	学生活动	融合教育学生活动	设计意图（学习资源支持）
Step 2 Presentation & practice	出示主题图并引出问题： T：Do you want to know more about festival? Let's go to the library. Who are they? Where are Maomao and Sara? (1) Listen and say. T：What are they talking about? How do you know it? (2) Watch and listen. ①Q：What festival are they talking about? ②Q：Does Sara know the Dragon Boat Festival? Why? Dialogue two： ①Watch and answer. T：What does Sara ask? Let's watch. T：What's special about this day? ②Teach to read. sp［sp］- spe［spe］- special［ˈspeʃ(ə)l］ T：We eat zongzi and have dragon boat races on this day. Can we eat jiaozi on this day? Can we set fireworks on this day? So, on the Dragon Boat Festival, we eat zongzi and have dragon boat races. It's special. place-places［ˈpleisiz］ T：Look, what do they do? race-races-［ˈreisiz］ T：What does Sara think about the Dragon Boat Festival?	(1) Think and say： Ss：Chinese Festivals. The book's name is Chinese Festivals. Ss：The Dragon Boat Festival. No. Because she is an American. Watch and answer： Ss：What's special about this day? In many places people eat zongzi and they also have dragon boat races. (2) Listen and repeat. Ss：Special. … Ss：No. (3) Learn places and races. Ss：Have dragon boat races. Ss：It sounds fun.	感知 Library 的意义，尝试说出本课对话的主角 Maomao and Sara。 通过观察主题图，预测主题内容，思考问题。 通过视、听获取信息，感知对话内容。 Watch and listen 部分，在图片、实物表情、手势及口型模仿下练习发音，帮助理解 special 和 dragon boat races 的读音。 在语境中能了解传统节日习俗。 模仿发音，正确掌握 places 和 races 的读音	情景导入，观察图片了解本课发生的地点、人物、事情。 听前预测，培养学生看图找信息的观察能力及运用听力策略。 通过视、听等环节，整体感知对话内容，培养学生捕捉关键信息的能力。 通过对课文深入的了解，鼓励学生说出端午节的感受。 通过"音—形—义—用"渗透拼读规则，培养学生的拼读能力和语音意识。 让学生在语境中理解词汇、短语和功能句并了解中国传统节日习俗。 通过音、形、意学习词汇，进行语音的渗透

续表

教学阶段	教师活动	学生活动	融合教育学生活动	设计意图（学习资源支持）
Step 2 Presentation & practice	（3）Read and show. ①Read silently. ②Listen and repeat. ③True or False. ④Read in roles. ⑤Retell the text. Show Time： Do you want to know more about the Dragon Boat Festival? This book will tell you more. What do you want to know the Dragon Boat Festival? We can ask Maomao. Let's watch. Q1：When? Q2：Who? Q3：What do…eat…? Q4：What do… do? Listen, look, and learn. (Show PPT) T：Sara wants to know other Chinese festivals. Maomao will tell us. Let's listen. What festival do you hear? （4）Teach to read. (Show PPT) T：Look, this is our family tree. They are our relatives. re-lative-relative，explain the relatives. T：What's this? (Show PPT) T：What can you see in the book?	Read silently. Listen and repeat. True or False. Read in roles. Retell the text. Show Time. Listen and answer. Ask Questions： Q1：When…? Q2：What…eat? Q3：What…do on this day? Answer questtons. Enjoy the video. （1）Look and answer. Ss：Spring Festival. Lantern Festival and so on. Ss：Relatives. Ss：It's a lantern …	跟读、参与小组合作的分角色朗读和表演，培养合作学习意识。 理解同学们的 retell 的内容，能根据提示熟读课文。 根据助学伙伴的问答理解节日的习俗。 听懂、理解关于端午节补充的短视频。 听懂、理解他人的问答并能根据提示正确朗读对话 尝试说出 eat zongzi，have dragon boat races. 根据同伴的表达了解 relatives 的意义	通过跟读课文，关注学生语音语调，巩固内化语言，从而提升学生的语言表达能力。 根据板书，复述对话内容，加深对话的理解和运用，培养学生的语言运用能力。 引导学生提出开放性问题，鼓励探究性学习，培养学生的创造性和发散性思维。 观看短视频，通过回答让学生更加深入了解传统节日蕴含的文化背景。 情景创设，任务驱动，培养学生的听力能力。 检测对对话的理解，再次整体回顾对话内容

续表

教学阶段	教师活动	学生活动	融合教育学生活动	设计意图（学习资源支持）
Step 2 Presentation & practice	（5）Read and answer. T：Here is a passage about Chinese Festivals. Let's read and match （6）Check the answer. T：Ask and answer in pairs. And then show it.	（2）Read and answer. （3）Read and match. （4）Work in pairs, Check the answers.	在老师、助学伙伴对语篇中词汇、长难句进行逐词逐句的辅导下，正确理解语篇内容	创设情境练习巩固词组。 挖掘文本，培养学生的阅读能力，检测对短文的理解和信息的提炼能力
Step 3 Production	创设情境，创编对话。 T：Maomao and Sara are going to our classroom. Maomao tells more about Chinese festivals. Let's have a PK with Maomao. Who can introduce Chinese festivals well?	Make a new dialogue. Group work. Perform the dialogue.	参与小组讨论和对话创编，理解传统节日的风俗习惯和中国传统节日的内涵	巩固功能句，培养学生的思维创新能力和语言表达能力。 通过对话学习和情感体验，深入了解中国传统节日端午节及其风俗习惯等，感受中国传统文化的魅力，促进文化意识的培育
Step 4 Summary & Homework	Homework： （1）Read and recite the dialogue of Lesson 17. （2）Make a picture book about your favorite Chinese Festival	Listen carefully, 完成任务单上的练习	倾听作业内容，尝试完成差异任务单上的练习	复习巩固，检测学生的实际获得

续表

座次安排表	讲 台 ☆ ★ ▲ ★ ☆ ☆ ☆ ★ ☆ ☆表示普通学生，▲表示融合教育学生，★表示助学伙伴。
学习效果评价设计	1. 教师评价 　　教师通过"赛龙舟、奖励粽子"的形式及时评价学生，激发学生完成任务的欲望，调动全班学生参与课堂的热情。 　　教师针对学生的课堂表现等随时进行评价。对融合教育学生跟读、表演、小组合作完成不同学习任务等环节的表现，及时进行积极评价。在新授环节，采用形成性评价，引导学生活动的方向，激发学生学习的兴趣，及时发现问题并解决问题。在操练、输出环节，采用相对评价，有利于学生在相互比较中判断自己的水平，激发学生学习上的竞争意识，增强英语学习的趣味性，从而激发他们学习英语的激情和动力。 2. 学生评价 　　学生在教师的引导下及时进行学生间的评价。课堂中的每个互动环节中，让全体同学对表演者进行评价，大大地激发学生们的参与意识，也让融合教育学生获得积极的学习体验，从而获得到学习上的成功与自信
本教学设计与以往或其他教学设计相比的特点	1. 以单元话题为核心创设情境，串联词汇和句型操练，提高学生语用能力 　　以节日为语言载体，注重情景的创设，通过观察、提问、模仿、探究和展示等方式，将词汇和句型结合、语言的学习和运用有机地结合起来，调动学生的积极性，使融合教育学生主动参与到课堂活动中，在真实的语境中体验"Enjoy the festivals, Share the Happiness"。 2. 围绕核心素养，进行思维训练，培养学生的语言转述能力 　　利用图片创设情境，通过看图、开放性的学生问答活动，来训练学生观察图片、理解对话的能力；借助思维导图尝试复述课文内容，对学生进行创造性思维训练，提升学生的语言思维逻辑能力。利用阅读短文来培养学生的阅读习惯和阅读能力，在拓展中提升学生的思维和语言转述能力。对融合教育学生阅读障碍进行精准施策，及时指导，帮助学生正确理解语篇内容

续表

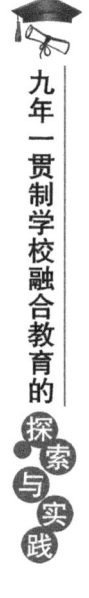

本教学设计与以往或其他教学设计相比的特点	3. 渗透传统文化意识，让学生在课堂上充分感受中国节日的独特魅力 　　在热身环节，学生通过猜测节日游戏，结合已有知识，为后面的学习做铺垫，活跃课堂气氛，调动学生的学习积极性；在句型操练环节，通过在创设的图书馆 Maomao 讲述端午节及其他中国传统节日，在交流中体验中国节日的独特魅力；通过小组展示，让所有学生都能参与其中并感受中国传统文化的魅力。 4. 面向全体，兼顾差异，关注所有学生的持续性实际获得 　　课中充分考虑融合学生的接受能力，通过分层设计任务、设置助学伙伴等，使其在日常学习中学有所得、学有所获。真正落实"面向全体，兼顾差异"的目标；同时关注所有学生的持续性实际获得和学生思维品质的培养
教学反思	1. 关注学生的持续性实际获得和学生思维品质的培养 　　课堂中充分考虑融合学生的接受能力，在整个语篇的理解中注重可理解性的输入，把握文本细节处理的时间和非文本语境的设置。对于文本中的重难点理解可采用提前或之后处理，采用短视频或真实情景再现等方式来铺垫，让融合学生在语境中自然输出语言，课中还需要关注所有学生的持续性实际获得，关注融合学生思维品质和学习能力的培养。 2. 精心创设有效情境，巧妙营造气氛，激发学习兴趣 　　尽可能创设逼真的活动背景，使学生在能够具体感知的语言环境中学习，激发学生交际的欲望，促使学生在课堂学习中更多地体验语言，实现融合学生在新的情景中自由地创造性地运用语言，培养他们思维的流畅性和独创性。 3. 巧妙挖掘教材中的情感因素，适时渗透情感教育 　　课堂中要充分挖掘教材中节日的情感内涵，挖掘节日的社会文化内涵，巧妙地把中国传统文化情感渗透在每一个环节，让融合学生在学习中体验、感受中国节日的独特魅力

注："T"表示"Teacher"，"Ss"表示"Students"。

中学道德与法治融合课堂教学设计*

本设计从学生生活实际出发,让学生学会以政治视角分析现实生活问题。同时,为了激发孤独症学生的学习积极性,提高其自信心,教师对孤独症学生的课堂发言及时进行表扬、鼓励,使其感受到成功的喜悦,从而产生积极的情感体验,有信心继续学下去。

学科	道德与法治	课题内容	公平的价值			
年(班)级	九(2)	学生人数	23人	教材版本	部编版	
随读生情况	学生姓名	×××	年龄	14	性别	女
	障碍类型	精神残疾(孤独症)	残疾程度	四级		
	现状描述: ×××同学,被诊断为四级中度智障,现在初三年级就读。受病情的影响,该生上课时无法正常和老师、同学交流;对周围环境漠不关心,在课堂上非常安静。经过近三年的融合教育,她目前可以与老师进行简单的沟通与交流,完成老师交代的简单学习任务,但是作业仍然不能独立完成,除非在教师的指导下,可以完成较为简单的问题。在课下,她可以和老师就生活中的简单问题进行沟通,如生活中自己喜欢吃什么或者自己喜欢什么电视剧等。她和自己熟悉的人可以进行相对顺利的沟通,但是较排斥陌生人					

---

* 作者:郭艳妮,北京教育科学研究院附属石景山实验学校教师。

续表

指导思想与理论依据	《道德与法治课程标准》指出，义务教育阶段的道德与法治课程应面向全体学生，以社会主义核心价值观为导向，落实科学发展观，根据学生身心发展特点，分阶段、分层次对学生进行教育，促进学生形成乐观向上的生活态度，逐步形成正确的世界观、人生观、价值观。 随班就读工作的根本目的在于尊重普通班级里的特殊儿童，发展他们的潜能，并关注特殊儿童在内的所有儿童的发展。孤独症儿童随班就读增加了其与普通学生接触的机会，使其能和同龄的普通儿童一起学习、生活，对促进他们和普通学生一体化，实现教育融合，提高他们的社会适应能力很有好处；此外，也为普通儿童接纳特殊儿童提供了机会，使他们学会关心、爱护及帮助他人，成为品格高尚的人。融合教育的要求中，提到要以提高残疾儿童少年的素质教育为目标，提高特殊教育的科学性、针对性和实效性。 本节课是一节有关认识自己的课，话题贴近学生生活，教学重点部分都是通过图片和游戏的方式来达成的，从而激发学生的兴趣
教学背景分析	教材分析： 本节课是一节九年级的复习课，是宪法专题教育中的一个内容，以宪法精神为主线，重点进行公民意识与国家意识教育。本课处于九年级教材的第四单元第八课，在前三个单元以知识为载体进行渗透教育的基础上，第四单元旨在引导学生体悟法治的价值追求，是法治专册的逻辑升华，也是法治教育的落脚点。本单元的第七课与第八课都是法治的价值追求，是社会主义核心价值观的重要内容，两课是递进关系。 通过本课的学习，让学生初步树立法治意识，初步形成尊重自由平等，维护公平正义的意识。本节课的学习对后面的学习，起到了承前启后的作用。 学情分析： 通过问卷对九年级学生进行问卷调查，回收有效问卷73份，经分析，发现多数学生有公平正义感，学生对公平正义的认识不仅能从个人情感角度去认同还能从学科观点上去辨析，但是相对使用的学科观点不够专业，学科语言表述上不规范、不准确。 我校学生愿意关注时事热点，关注身边的现象，但是很少思考这些现象和道德与法治学科有什么联系，还没有形成用政治知识来解释生活中时事的意识

教学背景分析	针对学生存在的问题，依据课标和学情，制订了本课的教学目标和重难点。 随读生：随读生因受智力影响，从小学阶段便无法正常参与学习，因此正常的学习听课习惯没有养成；在课堂上不随意走动，课下能按要求认真完成作业，但是作业质量不高；在教师单独辅导的情况下可以完成一些简单任务，并在教师的鼓励下能够回答一些简单的问题。本课的"公平正义"这个话题，是其不太熟悉的话题，教材中的内容难度较大，其参与课堂研讨的可能性较小，但是可以完成基础的朗读任务。因此，老师可以提前单独辅导并给予鼓励，以减少该生的畏难情绪，增强学习的自信心，增加其与老师、同学交流的机会，参与到学习的过程中，体验学习的乐趣	
教学任务或活动	普通学生	随读学生
教学目标	情感态度价值观目标：通过视频资料和小组合作探究活动，体会公平是个人生存和发展的重要保障，是社会稳定和进步的重要基础，初步树立公平观，理解公平正义是法治社会的核心价值。 能力目标：通过对社会热点事件的分析让学生增强价值判断和辩证分析问题的能力。 知识目标：通过图片和视频等学习材料，知道公平的基本内涵，理解公平的价值	知识目标：简单知道公平的重要性，了解遵守公平的方法。 能力目标：获取简单的分析加工问题的能力及与他人交往的能力。 情感、态度与价值观目标：在教师辅导下通过完成简单任务体验学习成就感，加强与他人交流的欲望
教学重点	维护公平的意义	在教师的辅导下完成教材中的活动探究，了解简单的认识自己的方法
教学难点	维护公平的意义以及做法	在教师辅导下尝试与同学交流教材中的探究分享
教学准备	（教师）与教学有关的图片、视频、学案 （普通学生）自己生活中关于公平的小故事 （随读生）自己和别人相处的小故事	
板书设计	公平的价值 —— 重要性 —— 含义：基于一定标准或原则，处理事情合情合理、不偏不倚的态度或行为 内涵：权利公平、规则公平、机会公平等 价值：是个人生存与发展的重要保障，是社会稳定和谐的重要基础	

续表

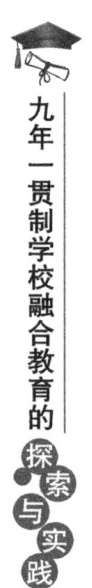

教学阶段	教师活动	学生活动	随读生活动	设计意图（学习资源支持）
导入	导入"身边小事，识公平"（多媒体呈现）： 图片展示我校错峰放学的图片。 教师：错峰放学，对高年级学生是否公平？ 教师：公平就存在于我们生活中，就在我们身边，对不同情况区别对待也是一种公平。这节课咱们就来学习了解公平正义的内容	看PPT并思考问题	看PPT并认真思考，简单说一说自己对错峰放学的看法，并听其他学生回答	要回答这个问题，学生要有一系列的思考学习动作，依据客观事实，首先做出判断，其次思考判断的理由，最后结合我校实际情况，分析回答问题。因此，导入环节是对学生思考实际问题的训练过程
新课：（一）感知公平	学生活动1：解读问卷，感知公平。 学生讨论活动：什么是真正的公平？公平的内涵是什么？ 教师：权利公平、规则公平、机会公平，公平是个人生存发展的重要保障。 学生活动2：讨论热点话公平。 PPT演示案例：某老人坐高铁，明明手里是座票，却被一无座票的乘客无理要求让座事件。 教师设置四个问题，引导学生分组讨论，引导学生从个人和社会两个角度分析归纳公平的价值	同学们在小组内讨论并达成共识，小组代表参与班级交流，最后由师生一起进行总结	在教师指导下，和同学一起讨论交流，同时朗读公平的内涵	讨论交流可以激发学生学习兴趣，也能给随读生创造和其他同学交流的机会

新课：（一）感知公平	问题： （1）乘客要求有座票的老人给没座的乘客让座，是否对？原因是什么？ （2）如何看待其他乘客附和要求老人让座的行为？ （3）对于被要求让座的老人来说，有座票却不能座，这是否公平？为什么？ （4）如何看待媒体的态度？ 教师：公平不仅是个人生存发展的重要保障，同时也是社会稳定和进步的重要基础			
新课：（二）守护公平	学生活动3：从事实出发，坚守公平。 PPT演示：新个税法方案改革内容。 问题： （1）为什么全体社会成员都可以依法向全国人大常委会针对该法案反映意见？这样做有什么意义？ （2）对于税改，有人说超额累进税率的修改是对"富人"的"不公"，对于这一问题你怎么看？ 教师：公平对于个人、社会来说都是至关重要的，所以，个人要维护公平，制度要保障公平的实现	要求：学生先阅读教材第24页材料，然后仔细思考问题，准备好自己的答案后在小组内探究交流并达成共识，最后由小组代表参与班级展示分享	在教师和同学帮助下写出观点与分享	通过小组探讨，带动课堂气氛；同伴帮助随读生，随读生也可以在这种讨论气氛中和同学交流
课堂总结	我国是人民民主专政的社会主义国家，公平是我们的永恒追求。我们要在生活中通过自己的努力坚守社会公平，促进社会稳定进步			

座次安排表	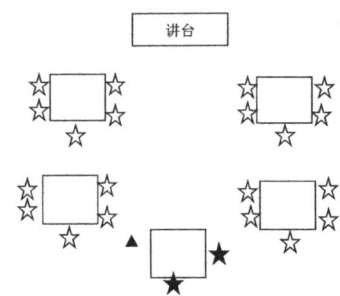 （☆表示普通学生，▲表示随读生，★表示助学伙伴） 座位安排意图： （1）为了发挥同伴互助合作学习的作用，以及方便分组讨论课文，根据人数，以五人小组及三人小组的方式安排座次；讨论时，教师加入三人小组。 （2）随读生安排在三人小组中，便于教师对其进行单独辅导并帮助其小组进行交流讨论。 （3）为随读生配备两名助学伙伴，是考虑到教师对随读生关注的局限性——不能做到全程单独辅导，而两名助学伙伴可在教师照顾不到时，共同或轮流为随读生提供帮助
学习效果评价设计	<table><tr><th>学习项目</th><th>学习要求</th><th>掌握程度自我评价</th></tr><tr><td>公平的内涵</td><td>理解并掌握</td><td>全部；大部分；小部分</td></tr><tr><td>公平的重要性</td><td>理解并掌握</td><td>全部；大部分；小部分</td></tr><tr><td>维护公平的方法</td><td>理解并掌握</td><td>全部；大部分；小部分</td></tr></table>

续表

本教学设计的特点	本教学设计主要有以下几个特点。 1. 情境为先，事实导入，激发学生的学习兴趣 　　通过发生在我校学生身上的真实事件，启发学生思考，激发学生的学习兴趣，训练学生的逻辑思维能力，引发学生对公平与否的热议，顺利导入本课。 2. 学中用，用中学，强调理解 　　借助问卷，教师可以提前摸清学情，通过小组讨论来分析问卷中的突出问题，引导学生归纳出公平的含义，让学生明确分析问题、解决问题是政治学习必不可少的能力。小组讨论让学生学会倾听别人的发言，学会思考，学会合作，学会总结。 3. 调动每一位同学积极参与课堂讨论 　　从社会热点事件出发，引导学生从感性认识上升到理性分析，培养学生的思辨能力。让学生在讨论中进行归纳，既能利用前面刚学的公平含义和内涵来分析该问题，也能让学生认识到公平的重要价值，进而突破本节课的难点。让学生讨论交流，把课堂气氛充分调动起来。即使是随读生，也能在这种气氛的带动下加入课堂讨论交流
教学反思	从学生生活实际出发，引发思考，让学生学会用政治视角分析现实生活问题。从学生较为熟悉的生活问题入手，让学生有话可说，调动学生在课堂上的学习兴趣，让学生明白生活与所学知识是紧密相连的。同时，从生活实际问题入手，即使是随读生也能简单地说出自己的看法，这样就能让所有学生参与课堂活动。 　　创设学习成功的机会，是激发随读生学习内动力的必要途径。为了激发随读生的学习积极性，提高自信心，教师要认真钻研教材，设计好铺垫，讲授时分散难点，降低难度，区别对待。对随读生的回答，教师及时进行表扬、鼓励，使学生尝到初步成功的喜悦，从而产生积极的情感体验，有信心继续学下去。 　　聚焦社会矛盾，提高学生的思辨能力。运用事实热点让学生充分讨论，发表自己的看法。不同的学生会给出不同的见解，最后在教师引导下，达成共识。让学生在讨论交流中提高思辨能力、语言表达能力等，让学生能学以致用。同时也可以让随读生加入讨论，培养其沟通交流能力，提高其适应社会生活的能力。 　　尊重学生认知规律。学生的认知是有一定规律的，是由简到难不断深入的。教师需要给学生搭建学习的阶梯，让学生在教师的引领下一步一步达成学习目标。这样也能激发学生学习的欲望，培养学生努力获得成功的信心

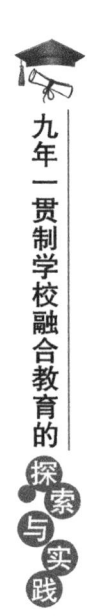

中学历史融合课堂教学设计*

八年级历史下册第 19 课《社会生活的变迁》的教学设计，体现了融合教育关注全体、兼顾差异的理念。本设计充分发挥学生的主体作用，同学们围绕研究主题，自主寻找史料，进行分析、讨论，形成结论，力争做到史论结合、知行合一。集体研究活动带动了融合教育学生参与力所能及的项目，体现了兼顾差异、精准施教。

学科	历史	课题内容		第 19 课 社会生活的变迁			
班级	八年级（1）班	学生人数	26 人	教材版本	书名：《义务教育教科书 中国历史 八年级 下册》 出版社：人民教育出版社 出版日期：2017 年 12 月		
随班就读学生情况	学生姓名	×××	年龄	14 岁	性别	男	残疾类型	精神残疾（孤独症谱系障碍）	残疾程度	IQ55
	现状描述：×××同学，属于孤独症谱系障碍，现在我校初二年级就读。他有一定的学习技能，有基本的识字量，能够进行基础阅读，能够理解历史教材的基本内容，能够主动完成历史笔记。该生在历史课上表现出理解力和逻辑思维能力较弱，有时能依从教师的要求，有一定的学习意识，但学习的主动性和注意力的持久性较弱，注意力容易分散，须助学伙伴提醒。他经常沉浸在自己的世界中，要么自言自语，常说"我不愿意，怎么办？"，要么喜欢揪住一个问题反复发问，甚至打扰其他同学听课；与其他同学交流有困难，需要助学伙伴协助完成课堂活动。本设计依据该同学的特点，搭建他乐学的平台，全程关注其参与学习的过程						

---

* 作者：杨爽，北京教育科学研究院附属石景山实验学校教师。

续表

指导思想与理论依据	历史学科的学习重在培养学生学科核心素养：唯物史观，时空观念，史料实证，历史解释，家国情怀。本课的教学设计力求对学生进行以上素养的渗透。《全日制义务教育历史课程标准》（2011年版，以下简称《课标》）指出：历史学习要注意历史知识多领域、多层次的联系，力图从整体上把握历史。特别要注意历史发展的纵向联系，同一历史时期的横向联系，历史发展的因果联系，历史现象与现实生活之间的联系。历史上重大的改革的发生，往往有着政治、经济、科技、文化和民生等方面的因素，需要对这些因素进行综合的考察。按照《课标》要求，本课设计将主要引导学习社会生活变迁的表现及原因。 　　《课标》同时指出：历史课程应该面向全体学生，培养和提高学生的历史核心素养，虽然融合教育孩子在学习历史学科的知识、技能上有所困难，但可以通过学习历史课，了解主要历史人物、基本史实，感受家国情怀。 　　本课依据"面向全体，兼顾差异，注重融合，和谐发展"的北京市融合教育课堂教学基本原则，教师和助学伙伴在学习过程中给予融合教育生帮助、辅导，及时发现融合教育生的亮点，助其在学习的过程中树立自信，自然地融入课堂，体现"多元支持，融合发展"
教学背景分析	教材分析： 　　《社会生活的变迁》是第六单元的内容，这一单元的主题是"科技文化与社会生活"。本课主要有两个子目：日常生活的变化和交通、通信的不断发展。二者是相互促进的关系。在现代社会中，经济迅速发展，人们的生活水平就会呈上升趋势，同时对交通、通信等基础设施的要求也越高；完善的交通、通信基础设施既能推动社会经济的发展，又能带动生活水平不断提高，同时改变着生活方式。 　　社会生活是社会生产力水平的反映，是社会进步程度的表现，生活水平能直接反映国家经济的发展情况。中华人民共和国成立后，人民当家作主，积极进行社会主义建设，取得了巨大成就，生活发生了根本性的改变。随着社会主义建设事业的发展，人民的生活水平不断提高。尤其是改革开放以来，中国经济取得了举世瞩目的伟大成就，城乡居民在衣、食、住、行、用等方面都有了很大提高。交通基础设施不断改善，出行方式发生了很大变化。通信事业的发展和通信方式的变迁，深刻地改变着人们的思想观念和生活方式。 　　学情分析： 　　（1）普通学生。 　　本节课的授课班级是初二（1）班。经过一年多的历史学习，同学们对历史课有一定的学习兴趣，通过课前学习微信公众号《读图学史》中历史微课《"四大件"的变迁》，对社会生活变迁的表现有所了解，初步具备从图文资料中提取有效信息的能力，能进行简单的逻辑推理和判断。这是学习本课的重要基础。由于八年级学生概括能力欠缺，因此，对于本课"社会生活变化的原因"这个难点，学生理解上有一定困难，需要教师帮助学生对变化因素进行综合分析。

续表

教学背景分析	（2）融合教育学生。 　　经过一年多的历史学习，该生的优点表现在：对历史课有一定的学习兴趣，能够随堂听讲；课堂上可以记下板书笔记；记住一部分课堂内容。学习困难体现在：听老师讲课时注意力不够集中，学习的课堂知识不够全面；有时难以自控，不分时机地重复问同样的问题或者明知故问；因为语言表达能力欠佳，课堂讨论参与较少；心智不成熟，缺乏与人交往的技巧。安排其参与活动时，须有助学伙伴陪同、帮助。 教学方式和教学手段： （1）教学方式：识图分析法、材料研读法、对比学习法、问题讨论法、课堂展示法等。 （2）教学手段：PPT教学课件、视频等	
	普通学生	融合教育学生
教学目标	知识与能力： （1）了解中华人民共和国成立以后人民生活发生根本变化、生活水平不断提高的状况。 （2）知道改革开放前后人们在衣、食、住、行、用等方面发生的变化，理解产生这一变化的原因。 （3）了解我国交通、通信事业的发展状况，分析交通、通信的发展对我国人民生活的影响，提高分析历史问题的能力。 过程与方法： （1）通过分析史料，对比人们衣、食、住、行、用方面的变化，尤其是我国交通、通信的不断发展，加强对改革开放巨大成就的认识，掌握从不同类型的材料中提取信息的方法。 （2）通过联系史实，分析社会变迁的原因，提高论从史出、具体分析历史问题的能力。 情感态度与价值观： （1）了解人民生活的巨大变化，增强热爱中国共产党、热爱祖国、热爱社会主义的情感。 （2）理解并自觉践行社会主义核心价值观，树立为实现中华民族伟大复兴的中国梦而不懈奋斗的信念	知识与能力： （1）了解中华人民共和国成立以后人民生活发生根本变化、生活水平不断提高的状况。 （2）了解我国交通、通信事业的发展状况。 过程与方法： 通过图片、视频和老师、同学们的讲述，了解人们衣、食、住、行、用方面的变化。 情感态度与价值观： 了解人民生活的巨大变化，增强热爱中国共产党、热爱祖国、热爱社会主义的情感

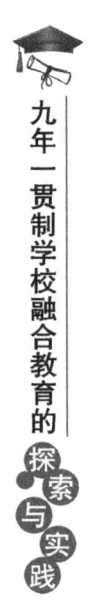

续表

教学重点	教学重点：社会生活变迁的表现。 突破重点：收集丰富的史料，创设历史情境，使学生置身于社会变迁的历史长河中	突破重点：观看丰富的史料，置身于社会变迁的历史长河中
教学难点	教学难点：社会生活变迁的原因。 突破难点：史论结合，利用材料分析、概括社会生活变迁的原因	教学难点：了解社会生活变迁的原因。 突破难点：倾听其他同学和老师的归纳
板书设计	第19课 社会生活的变迁 收入、消费的变化 要求 衣、食、住、行、用的变迁 ⇌ 交通、通信等事业的发展 带动 坚持中国特色社会主义制度	

教学阶段	教师活动	学生活动	融合教育学生活动	设计意图（学习资源支持）
导入	出示："五一黄金周"数据。 引导：同学们好！大家知道为什么称"五一"假期为"黄金周"吗？这些数据说明什么？ 过渡：同学们说得非常好。各种消费拉动了经济，也说明我们的日子越来越好。现在我们就一起探索新中国成立后社会生活的变迁过程。 （板书：第19课 社会生活的变迁） 新课讲授： 一、社会生活变迁的表现 回顾社会生活涉及的主要领域：衣、食、住、行、用等。 1. 日常生活的变化 以时间轴的方式突出本课历史时序	观察数据，回答。 回顾旧知识	思考，倾听同学回答。 在笔记本上写下课题。 回顾旧知识	激发学生学习本课内容的兴趣。 知识迁移；突出时空观念

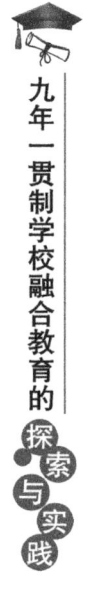

续表

导入	讲述：新中国成立前，物价飞涨，民生凋敝。新中国成立后，人民当家作主，经济恢复，物价稳定，人民生活水平发生了根本变化，生活水平不断提高。改革开放以来，人民生活明显改善。 2. 调查小组分别汇报访谈活动结果 　对比改革开放前后人们在服饰、饮食方面发生的重大变化。归纳变化的特点	活动小组代表汇报，所有同学分析，对比归纳变化的特点	了解史实	提高从图片材料中提取有效信息的能力。从史料对比中归纳改革开放前后人民日常生活变化的主要表现
新课讲授： 一、社会生活变迁的表现	1. 服饰组 　变化：从穿着单一到穿着多样。 2. 饮食组 　变化：从解决温饱到吃得健康。教师补充材料，出示材料。 教师做示范题。 3. 教师讲住房 　出示《城乡居民人均住房建筑面积图表》，带领同学们找出图表中关键词，看变化趋势，得出观点，分析原因。 　得出结论：改革开放以来我国居民住房条件大为改善。 　变化：从蜗居到适居。 　出示古城南街居住环境变化照片，引出文化生活的提高。 　变化：城乡居民文化生活日益丰富。 　在介绍图片的同时，帮助学生联系历史背景，理解图片所反映出来的社会发展水平。 教师用欲扬先抑手法，展示教材图片"浙江安吉蔓塘里"，出示材料。 　提问：依据材料，指出我国的农业农村工作呈现的发展趋势，并对乡村振兴提出一条合理建议。 　引导分析材料，概括发展趋势，提建议。	分析判断，找出抓图表中的关键词，明确分析步骤。 关注身边环境的变化。 用圈点批注法，分析材料，提建议。	尝试了解判断。 和同学们一起讨论身边的变化。 试用圈点批注法，进行材料分析	突出本节课的重点。从材料分析中，明确表格题解析思路。 提高分析柱状图表史料的能力。 从学生实际学习生活情境入手。 关注图表中的提示信息，联系史实，分析发展趋势，融入乡村振兴计划

续表

新课讲授： 一、社会生活变迁的表现	播放今日安吉蔓塘里的视频。 　　变化：从商品紧缺到极大丰富，生活水平提高。 4. 交通组 　　创设情境： 　　假如同学们要从北京出发到浙江安吉蔓塘里实地考察美丽乡村，大家可以选择什么交通工具呢？ 　　归纳：如今出行方式可有多种选择。这主要是依赖于我国交通事业的飞速发展。（板书：交通、通信等事业的发展） 调查小组分别汇报访谈活动结果。 　　对比改革开放前后人们在介绍出行方式的变迁，归纳变化的特点。 展示资料，通过数据和图片，让学生感知交通发展的速度。补充港珠澳大桥信息，突出我国桥梁技术水平的提高。 民航： 　　借助C919、北京大兴国际机场及《2018民航行业发展统计公报》中的数据，介绍民航业的发展概况。 总结交通发展特点： 交通设施日益改善，出行环境高效便捷。 创设情境： 　　假如你们到蔓塘里分小组参观，因分工不同，参观的时候有人与大家走散了。这时候身为组长的你如何联系到走散的组员？（电话、短信、微信、手机定位、广播找人等）	观看视频，体会美丽乡村建设。 选择性价比高的交通工具。 分析图片数据，得出结论。 感受交通发展。 了解、感受交通发展。 讨论，回答问题	观看视频，体会新农村建设。 说说自己喜欢的交通工具。 读一读"相关史实"中对港珠澳大桥的介绍。 参与讨论，回答问题	了解国家乡村振兴之路。 创设情境。 激发学习兴趣。 了解新中国成立后我国铁路、公路、民航、城市交通的大力发展。 突出本课重点。 关注时间节点和重要数据，提高有效阅读文字材料的能力

续表

新课讲授： 一、社会生活变迁的表现	5. 通信组 电信： 　展示一组图及实物，补充移动通信的发展过程。 　在介绍图片的同时，帮助学生联系历史背景，理解图片所映出来的社会发展水平。 　补充：通信基础设施突飞猛进，通信能力大幅提升。 互联网： 展示图表。 分析趋势：虽然起步晚，但发展迅速。 　随着通信技术和计算机技术的飞速发展和广泛应用，现代社会已经全面进入了信息化时代。回望改革开放以来的40余年，中国信息通信事业实现了从追赶到引领的伟大跨越。 　结合上述学习，得出交通通信的不断发展既方便人们的日常生活，还改变了人们的思想观念与生活方式	展示通信发展过程。 分析图表中的信息，联系所学，分析发展趋势。 试参与问答活动 思考，讨论，归纳	记板书笔记。 倾听。	直观感受电信进步。 观察图表，感受我国互联网发展速度。 整体感知移动通信的飞速变化。 感受交通、通信技术的发展对人们日常生活的重要影响
新课讲授： 二、社会生活变迁的原因	追问：人们的日常生活发生巨大变化的主要原因是什么？ 展示图表，指导学生阅读。 联系史实，分析得出结论： 　由于1978年我国实施改革开放政策，这一政策解放发展了社会生产力，调动了人们劳动积极性和创造性，激发了社会的活力，使人们的物质生活越来越丰富。 （板书：收入、消费的变化） 问题：影响我国社会生活变迁的因素有哪些？ 展示材料。 引导学生从不同角度考虑（政治、经济、科技、文化等）。	仿照教师分析住房图表过程来解析。 讨论，回答，试得出结论。	了解。 倾听。	联系史实，分析得出结论：认识改革开放解放了社会生产力。

续表

新课讲授： 二、社会生活变迁的原因	归纳说明： （1）国家独立自主； （2）国民经济的提升； （3）科学技术的创新； （4）惠民政策实施。 板书：坚持中国特色社会主义制度	分析图文史料，提取关键信息进行练习	试做选择题或材料练习题	培养多角度思考问题的能力；借助图文信息化难为易，突破难点
小结	在中国共产党百年华诞来临之际，同学们通过本课的学习，主要了解新中国成立以来特别是改革开放之后，我国人民的日常生活发生的巨大变化及交通、通信等事业的飞速发展。这些变化和发展说明了在中国共产党的领导下，中国人民通过70多年的不懈努力，实现了从站起来到富起来再到强起来的伟大飞跃。我们也坚信在中国特色社会主义制度的保障下，通过全国人民共同努力，一定能早日实现中华民族伟大复兴的中国梦！	倾听、感悟	倾听	首尾呼应，提升学生的历史联系能力；以史为鉴，联系现实，面向未来，激发学生的爱国精神
课后活动	作为2022年冬奥组委会和赛事地，联系石景山区面貌变迁，提出你的奥运建言	关注时事，大胆建言	了解北京2022年冬奥会；完成任务单上的作业	联系本市大事，体会我国综合国力增强，树立民族自信。巩固课堂所学知识，提高实践能力
座次安排表	讲　台 ☆　☆　☆　★　☆ ☆　☆　☆　▲　☆ ☆　☆　☆　☆　☆ ☆　☆　☆　☆　☆ ☆　☆　☆　☆　☆ ☆ （☆表示普通学生，▲表示融合教育学生，★表示助学伙伴）			

续表

学习效果评价设计	评价方式： （1）评价方式一。 　教师评价：针对学生的朗读教材的情况和做材料分析准确程度，教师及时给予评价。 （2）评价方式二。 学生互评：为其他同学纠正或补充答案，对汇报效果进行评价。 　融合教育生评价：教师对其朗读水平、圈画教材准确度、认真听讲状态及笔记情况给予鼓励性评价。 （3）评价方式三。 课后作业：联系石景山区面貌变迁，提出你的2022年冬奥建言。 融合教育生要求：主要完成任务单上2道选择题，其他题目选做
本教学设计的特点	1. 史论结合，知行合一 　课前安排同学们阅读教材，列表比较改革开放前后我国居民在日常生活方面的巨大变化。访问长辈，了解改革开放前后自家在衣、食、住、行、用方面有哪些重要变化。以小组合作的形式汇总结果，并进行展示。培养学生收集资料、整理资料、分析资料、得出结论的能力，合理判断历史现象和现实问题的能力，正确表达个人观点的能力。体验探究式学习方法，提高历史学科基本能力，发展学科素养。融合教育生在活动中学会与他人交流合作。 2. 兼顾差异，精准施教 　本课在教学环节中设计了对融合教育生×××降低难度的提问，在朗读环节给他展示的机会，及时予以表扬，融合教育生体验到参与学习的快乐，从而建立信心。在教师和助学伙伴的引导和帮助下，他能和其他同学同步讨论、了解我国社会变迁过程，融入课堂学习，与同学们相处融洽，使他能够在原有知识储备的基础上，学到一些历史知识，扩大知识面